U0152259

左起：甄子程、林澤惠、范莎莎、Vivian Wong、葉文婪

其他節目成員介紹：

甄子程：節目監製。自細熱愛電台廣播，於 1997 年成功考入新城
電台做主持，現為新城電台通宵音樂節目《音樂停不了》主持。
曾擔任《是夜不是夜》節目主持及《日月星辰》、《開心三人
組》、《平息你的風波》等不同節目助理，2011 年起擔任網上
電台《創動力媒體》（DMX.hk）節目總監，監製及主持旗下超
過三十個不同聲音節目。現仍主持網台深情點唱節目《夜深情真·
甄子程》。

Vivian Wong：本節目主持。於 2012 年在北京體育大學修讀運動
訓練碩士（主修：游泳）、2020 年畢業於香港中文大學教育文
憑（主修：體育），亦擁有香港體育學院三級運動教練、香港游
泳總會二級教練及中級裁判、香港拯溺總會拯溺教練與 AASFP
長跑教練等專業資格。Vivian 是一位資深游泳和拯溺教練，超
過 20 年教學經驗，後來更兼任長跑及體能教練。近年與本地運
動品牌 Alfary 合作，開設 ALFARY 運動學院及動·Move 兩個網
上平台並擔任節目主持，分享運動心得。

葉文婪：本節目主持。《餘英殿》網上文化節目平台策劃人、主持
及雜誌專欄作家。

范莎莎：本節目主持。為 2019 亞洲小姐香港區季軍及最上鏡小
姐（Miss Asia 2019 Hong Kong - 2nd Runner-up & Miss
Photogenic）、亞洲小姐總決賽獲最具潛力主持獎（Miss Asia
2019 Final - Miss Potential Host），擁有豐富的演藝及主持經
驗（英語、粵語、普通話三語均流暢），目前亦為《港台體壇
123—全民運動 3.3》節目主持。

那些因乒乓球而改變了未來的人和事

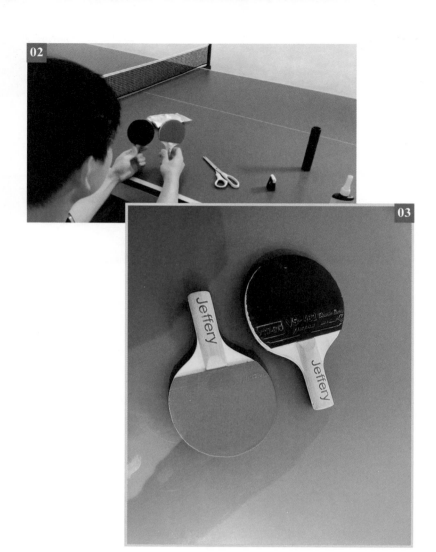

02 林澤惠教練的獨門秘技—BB 板

03 這塊只有掌心大小，小巧別緻的 BB 板，又名為 Jeffery 板，是林澤惠教練所創，市面上並未有售。起初只是塊簽名用的球拍，其後貼上正規球拍所使用的膠皮，便告完成。既能帶上球場，練習精準之用，又能增加學生學習乒乓球的趣味。

CAPTIONS

04 周嘉晴同學，為目前香港乒乓球青少年代表隊成員之一，年紀輕輕，
　　卻身經不少乒乓球賽事，同時，亦為本節目主持林澤惠教練的學生。

05 一個細小的乒乓球真的能夠改變您的未來？趙頌熙律師將為我們道出
　　他是如何由乒乓神童蛻變成為事務律師。

那些因乒乓球而改變了未來的人和事

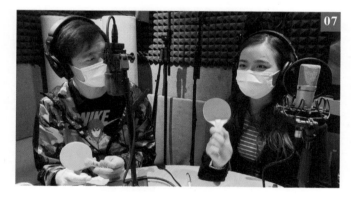

CAPTIONS

06. 今天已成為體育老師兼教練的黃子江老師，決心在任教的學校聖公會主愛小學積極推行乒乓球教育，甚至使其成為首間香港乒乓球總會的乒乓球重點學校。

07. 原本會計出身的林澤惠教練，為何選擇放棄會計，而走上教練之路？他在教學的路途上，又遇到哪些深刻的經歷？

CAPTIONS

08. 2004 年雅典奧運，高禮澤與李靜這對乒乓孖寶，為香港贏得男子乒乓球雙打的銀牌，震憾全城。今天高教練已成為一名資深的教練，繼續作育著港隊新世代的將領。

09. 何思漢先生（Roland）與兒子何睿光（Zechary），是一對新加坡的父子兵。作為銀行管理層的何先生為何獨愛乒乓？兒子來港後，又怎樣透過乒乓融入社區？

那些因乒乓球而改變了未來的人和事

CAPTIONS

10. 播道兒童之家的社工督導霍永康先
    生（Joe 哥哥）講述如何透過為兒童
    之家舉辦乒乓球班，一步步讓孩子克
    服困難，得到成長！
11. 雷家文先生，正是在 2021 年 9 月全
    運會勇奪 50 至 59 歲組單打亞軍的
    得主，正坐在錄音室，成為嘉賓。

12. 我們特派主持葉文斐前往乒乓名宿蔡
　　建新先生的家中透過網絡進行訪問。

13.「乒乓波在我的人生中，彈來又彈去，
　　似乎是他在找我，而不是我刻意要去
　　找他。」著名乒乓球評述員及電影製
　　作人蔡建新先生說。

乒乓球而改變了未來的人和事

7

14. 整個錄音室瀰漫著濃濃的古典音樂。細碎的印象派琴音似是在為乒乓的來來往往披上了旋律。嘉賓正是作曲家兼鋼琴家 Nardo Vicar Brown—— 陳寶元先生 Timmy 以及他的太太 Anmenly。

15. 嘉賓郭劍虹先生（Eric），既是一名乒乓球教練，亦是一間乒乓器材用品店的負責人。

而其父親郭毅萍先生，正是當年中國國家隊的運動員，分別參與過第 23 屆及 26 屆的世界乒乓球錦標賽，60 年代退役，在北京擔任教練。

乒乓未來

8

序

　　乒乓球是一種十分平民及「入屋」的運動，卻容易讓人覺得可有可無，毋須珍惜。但另一邊廂，又有些人，透過打乒乓球而改善了個人的紀律和技能，甚至得到理想的職業，換來一個亮麗的未來。

　　本書《乒乓未來——那些因乒乓球而改變了未來的人和事》原是十三集的節目，由林澤惠教練、Vivian Wong、葉文嫈、范莎莎主持及資深電台人甄子程監製的香港電台社區參與廣播服務（CIBS）節目《乒 Bling 未來》，每集也請來不同嘉賓，分享乒乓球如何改變他們的人生，改寫未來的真實故事。

　　如今我們取其精華，輯錄成書，透過文字將每位嘉賓和主持人的精彩對話，原汁原味呈現在讀者面前。

　　這個乒乓球，除了是一個彈來彈去的「小白波」，更是帶領人生新方向的領航者，盼望你也能得到他的帶領。

作者的話

當初決定要在電台製作《乒 Bling 未來》的廣播節目時，也曾受到不少朋友善意的質疑，但我還是覺得這是義不容辭之舉，畢竟據我了解，鮮有以乒乓球為主題的廣播節目，再者我也希望透過電台的媒介，讓本港，甚或東南亞的粵語聽眾更認識乒乓球這項運動，同時也覺得值得透過節目對乒乓球運動員或本港體育界人士的勞苦表示肯定與支持。

節目過程中，不論是聽聞到嘉賓在球場上與人生路上的心路歷程與奮鬥故事，或是得悉除了本港的聽眾外，亦有海外的聽眾支持我們的節目，以及製作團隊的成員，也因著節目而在工作上繼續有不同的發展與進步。凡此種種，也讓我感到莫大的欣慰與滿足。

如今我們將節目輯錄成書《乒乓未來一那些因乒乓球而改變了未來的人和事》，希望將乒乓球的關注、嘉賓們的奮鬥精神也透過文字，送給每一位讀者，每一位曾經或現在仍然熱愛乒乓球的您。

球場見！

主編的話（葉文婓）

當初接到資深的乒乓球教練林澤惠邀請，擔任港台 CIBS 節目《乒 Bling 未來》的主持時，心情相常戰兢，畢竟自己鮮有接觸乒乓球，甚至乎和體育界也沾不上邊。即使有當節目主持經驗，但也只屬自媒體的「小玩意」，與朋友玩玩還可以，但難登大雅，這次卻要成為港台節目的主持，實在是越級挑戰，令人感到「心大心細」。

慶幸在過程中得到主持團隊的信任和包容，加上監製甄子程嘔心瀝血的指導，再配合錄音室 Sky Productions 技術人員幫助，讓我順利完成這個任務。

不同節目嘉賓在打乒乓球的背後所付出的努力，在人生中做出艱難選擇時的心情都令我動容，我相信這些故事同樣打動聽眾。

本書所輯錄的，正是我們在節目中與嘉賓的點點滴滴，是嘉賓人生的記錄，也是為香港乒乓球壇的回顧。

親愛的讀者，您也正在人生的交叉路上，難以作出選擇，遇上瓶頸嗎？快來翻閱此書，一同感受為夢想而戰的熱血與激情吧！

那些因乒乓球而改變了未來的人和事

作者介紹

乒乓球是一項全民熱門的運動，無論男女老幼，都能夠從中得到樂趣。

我是乒乓球教練林澤惠、林教練 Jeffery，我早在恒生乒乓學院成立的時候，最先於恒生章別獎勵計劃中考獲「鑽章」（考章專家），至今執教超過 20 年，大約培訓及交流超過 200 多名具潛質的學生，當中包括港、九中小名校、青苗、恒生精英隊、香港青少年代表隊及不同國籍的海外選手等等。教學成績如下：

~ 香港代表 ~

周嘉晴

前香港青少年 12 歲或以下排名第一名

~ 南韓代表 ~

Mr Park

第九十九屆全國運動會混雙季軍

~ 日本代表 ~

星川 祐喏

前全日本七歲或以下第三名

~ 新加坡代表 ~

Zechary

前新加坡九歲或以下直拍球員中第一名

Tayna

上海的中國盃單打冠軍

北京的 APAC 單打冠軍

曾與奧運金牌得主馬琳於中國進行表演賽

除此之外,本人曾獲邀參與電台、電視和雜誌媒體等專訪;本身也是 JL Channel 乒乓由我教路的創辦人。幾年前,我觀察有許多家長讓小朋友學習乒乓球,日練夜練,其實只為子女能夠入讀名校,為了考青苗,為了入港隊而學習,打乒乓球的意義便逐漸變質。

為了改變這個風氣,我決定創立一個關於乒乓球的 YouTube 自媒體頻道,透過短視頻、街訪及球手專訪節目,去推廣健康正向的乒乓球文化。

時至今日,我每個星期也會抽時間去製作影片,亦會主動尋訪不同行業的人拍片作 Crossover,將乒乓球融入創意及生活化的元素,同時首創 BB 板(迷你球拍)的個人品牌,希望引起更多人對乒乓球的注意。我的目標是令更多家長明白到,入名校、入港隊、奪獎並不是最重要,最重要的是子女在學習乒乓球的過程中,可以健康快樂地成長,明白到一分耕耘 一分收穫的道理!

從而帶出＜三大核心價值理念＞

1 歡樂

2 傳承

那些因乒乓球而改變了未來的人和事

13

3 夢想

1：透過有趣 / 迷你球拍的訓練方式吸引小朋友的興趣，給予歡樂！

2：透過認知 / 技能 / 情感教導孩子們， 幫助他 / 她們訂立目標，並協助他 / 她們成才，薪火相傳！

3：協助他們成長，除了幫助他們透過運動提升自信心外，也透過乒乓球的訓練實現夢想

大家如果也認同我的理念，歡迎與我聯繫：

廣告合作 / 學乒乓查詢：

請直接 whatapps: 96879267

歡迎訂閱【JL Channel】乒乓由我教路的精彩頻道～

JL Channel 乒乓由我教路 Facebook:

https://www.facebook.com/JL-Channel.hk

【JL Channel】乒乓由我教路 YouTube：

https://www.youtube.com/channel/UCmPwXbWQrt_BOdNvFJBnThA?sub_confirmation=1

JL Channel 乒乓由我教路 IG:

https://www.instagram.com/jlchannel.tabletennis

可以免費獲取一套視頻教材，透過視頻教材在家中自學乒乓球，從而提升你 / 妳的專注力！

目錄　　版權頁

書　　　　名	乒乓未來—那些因乒乓球而改變了未來的人和事
作　　　　者	林澤惠
主　　　　編	葉文婓
出　　　　版	超媒體出版有限公司
地　　　　址	荃灣柴灣角街 34-36 號萬達來工業中心 21 樓 02 室
出版計劃查詢	(852)3596 4296
電　　　　郵	info@easy-publish.org
網　　　　址	http://www.easy-publish.org
香 港 總 經 銷	聯合新零售 (香港) 有限公司
出 版 日 期	2022 年 7 月
圖 書 分 類	勵志讀物
國 際 書 號	978-988-8778-95-9
定　　　　價	HK$118

Printed and Published in Hong Kong

第一集

乒乓球如何改變人生呢？

乒乓球是一種很平民及很入屋的運動，但也容易令人忘記，甚至很多人不會珍惜，在首集《乒 Bling 未來》中，擁有 20 多年乒乓球經驗的林澤惠教練，與兩位和乒乓球認知不一的主持：Vivian Wong、葉文燮，將帶您進入一個想不到的乒乓球新世界，與聽眾一同探索乒乓球如何改變不同人的人生，了解一個細小的乒乓球如何帶來無限的可能性。

第一集：乒乓球如何改變人生呢？

本集主持：

林澤惠（林）、Vivian Wong（Vi）、葉文媖（葉）

葉：林教練，為甚麼我們的節目會被稱為《乒 Bling 未來》？

林：乒是乒乓的乒；Bling 是亮麗的意思，因為我們相信打乒乓球可以改善個人紀律與素質、提升技能，也能打破人的界限。有些人也透過乒乓球找到他們理想的職業、改變人生，更能對社會作出貢獻，我們將會請來不同的嘉賓，為我們分享打動人心的故事，對了，大家是否了解乒乓球的起源在哪裡？

Vi：是否來自一些窮困的山區，小孩在家中隨意拿著家具與石塊就玩起來？

林：挺有創意的答案呢！

葉：我覺得是來自歐洲的，Ping Pong、乒乓，怎麼聽也像是翻譯名稱，應該不屬本土漢語，我想是來自西方的。

林：文媖的答案很接近，其實根據香港乒乓總會最新 2021 年 3 月章別獎勵計劃的書中記載，乒乓球英文是 table tennis，是歷史悠久的體育項目，據說當時西方正值盛行網球，但由於網球這項運動，很容易受到場地及天氣限制，所以英國有些大學生便把網球遷移到室內進行，他們以餐桌為球

桌，用糕皮紙作球拍，加上軟木球，便在餐桌上打來打去。

Vi：那回到香港乒乓球壇，林教練又能否分享些輝煌史？

林：全城最矚目的，當然是 2021 年的東京奧運中，我們香港在乒乓女子團體賽中得到銅牌。大家更想不到，這面銅牌是我們女子團體中，第一個得到的獎項；此外就是 2004 年奧運雙打銀牌得主李靜、高禮澤。

葉：就是今天已成為教練的那兩位？

林：對，常被我們戲稱為「你企喺中間」的那位教練，就是李靜，正是他帶領著這次的女子團隊。而這次女子團隊杜凱琹、蘇慧音、李皓晴，也是我們土生土長的運動員。

Vi：這三名運動員真的了不起，透過電視畫面，真的很激勵人心，乒乓球又有哪些球例？

林：球例中比較有趣的地方就是，其實乒乓球拍的大小並沒有限制，即使球拍大如門口，或細如掌心般也是可以的，只要膠皮與木板吻合，以及膠皮的左下角或右下角，有國際乒聯（ITTF）的標誌就可稱為合資格的球拍。

Vi：乒乓球的大小有限制嗎？

林：有的，乒乓球的球也改了不少規定，最新的規定是球必須是 ABS 40+，40 指毫米（mm）ABS 的物料是丙烯腈（Acrylonitrile），丁二烯（Butadiene）和苯乙烯（Styrene copolymer）組成的三元共聚物。與傳統乒乓球不同的地方，就是它沒有過往的那麼旋轉與彈跳，所以與十年前的賽事比較，會發現現在的球速稍慢了一點，但來往的球數則增加了。

Vi：還有哪些有趣的球例？例如今年我們也集中關注乒乓球女團，我也留意到有時乒乓球擦在白界上，裁判會計分，有時觸碰到球網時也會計分，到底是怎麼一回事？

其實我們香港本土真的有不少資源，能訓練出許多優質的運動人。

林：這些案例略為複雜，簡單而言，這個稱為「重發球」，重發球英文叫「Let」，那麼怎樣才算為一個「重發球」呢？就是當發球者開球時，開的球在己方的桌上某一位置，然後觸碰到球網，再彈到敵方的桌上，便成為「重發球」，Let 的意思則是「重發」，就是沒有人勝出，沒有人輸掉。這樣就需要重新發球。而若果在對戰期間，觸碰到球網，而球在觸網後，仍能到達對手的球桌範圍，對方又未能接妥時，那麼這一球則會被計你得分，相反，若因觸碰到球網，乒乓球出了界，那麼接發球者則會輸一分。

葉：那乒乓球的賽制又是怎樣的呢？

林：賽制由 2001 年起，每局 21 分，改為每局 11 分，21 分每人開 5 球，11 分則每人開 2 球。

葉：那麼這樣也讓賽事更刺激呢？

林：是的，讓賽事變得更緊湊，所以也較多人喜歡這制度。

Vi：那麼發球時，方向是否有哪些限制？若我發球在球桌的右方，是否心須要發球到對方的右方（即我視點的左方）？相反，會有何後果？

林：發球方面，我們有分單打與雙打，若是就單打而言，我們發球並無限制，例如我可在己方的桌上任何位置去發球，發到對方桌上任何一個位置，也是成立的；反而雙打則有所限制，我們必須將球由己方右半桌，發至對方視點的右半桌，才為之一個合法的發球，若不能完成此舉，發球者將被判一個失分。

葉：林教練，那麼您的絕招又是甚麼？

林：剛才也說過，球拍的大小並無限制，我可以用一個像手心大小的迷你球拍，來進行擊球，以及與小孩進行比賽。

葉：大家對文娛衣著的印象，也是非黑即白的恤衫與領帶，但我對兩位主持的印象，則是感覺很有色彩，特別是阿 Vi，每一次也見到您穿著相當鮮艷的運動裝，是否運動員必須穿鮮色的衣服？

Vi：一般我在跑步、游泳時，會穿鮮色的衣服，去讓人識別我正在做運動，減低意外發生，而作為教練，我喜歡鮮色的衣服，是方便運動員觀察到我在哪裡，以及我會給他甚麼指示；不如讓我們回到乒乓球，以這次奧運為例，我發現乒乓球比賽，也十分吸睛，因為見到不同國家代表，會穿上不同顏色的服裝，想請教林教練，是不是運動員自己喜歡穿甚麼顏色就穿甚麼顏色的呢？

林：當然不是，其實球例中，乒乓球是白色或橙色，現在大部分國際乒聯的比賽也是使用白色球，所以服裝上，您得留意一下，不會有選手乒乓球比賽時穿白色球衣。

Vi：那麼若乒乓球用粉紅、藍色又是否可以呢？

林：這又不行，因為根據球例，現在合法的顏色，只能是白色或是橙色，所以，粉紅也好、藍色也好，普通友誼賽則沒有問題，但正式比賽，必然會被禁止。

葉：那麼到底在香港，有多少人真的因為一個乒乓球，而改變了他的人生呢？

林：其實有不少，例如我們將要請來的嘉賓範圍也很廣闊，有學生、老師，甚至律師。若您們真的想繼續了解，請您們一定要繼續留意《乒 Bling 未來》。

乒乓少女—周嘉晴、嘉晴爸爸

第二集

現年 14 歲的周嘉晴，在今時今日甚麼也多選擇的年代，為何會選上乒乓球，並一步一步透過不懈的努力，成為港青成員（香港青少年隊成員），有機會成為香港乒乓球壇的其中一個新希望。今集周嘉晴會現身說法分享乒乓路，其父親與林教練亦會為大家娓娓道來他們眼中的嘉晴。

第二集：乒乓少女—周嘉晴、嘉晴爸爸

本集主持及嘉賓

主持：林澤惠（林）、葉文嬰（葉）、范莎莎（莎）

嘉賓：周嘉晴（嘉）、嘉晴爸爸（周）

葉：莎莎，今集的嘉賓很特別，沒有她，就沒有今天的林教練。

莎：我知道，聽說她是林教練其中一位學生，今年僅得十四歲，但已經在乒乓球界經驗豐富，她就是周嘉晴同學。

林：嘉晴在我心中是一位很具潛質的學生，我記得大約在 2011 年的時候，第一次跟她練習，她的正手已能打得百多板，六歲時，她已能考入青苗，十一歲已經考入港青，現年十四歲的她，已是青少年代表隊的重要成員之一，嘉晴的成績也成為我繼續當教練的動力。

葉：看來嘉晴對林教練的人生也起著巨大的影響，那不如我們現在邀請嘉晴與嘉晴的爸爸出場，為聽眾介紹乒乓球這項運動吧！好，歡迎嘉晴、歡迎嘉晴爸爸。

嘉、周：Hello，各位聽眾，大家好！

莎：嘉晴，您當初是怎樣接觸到乒乓球的呢？

嘉：我姐姐也是打乒乓球的，所以我小時候已經跟她一起前往體育館，大約三歲的時候，姐姐便開始教我打乒乓球。

葉：只有三歲便接觸乒乓球，當時的情境是怎樣的？

若每場也是必勝的，比賽就沒有意思，若逢戰必輸的，也太打擊信心，所以選擇一場適合的比賽十分重要。

嘉：依稀記得在球場邊看著姐姐打球，自己在旁與其他小孩玩地上的乒乓球，自娛自樂。

莎：妳當時的身高，料想也未能觸碰到乒乓球桌，當時又怎與姐姐一起打球？

嘉：有好一段時間，自己需要踮起腳尖來打球，後來也有到國內練習乒乓球，內地的球桌更高。當時需要站在小木凳上去打球。

葉：那麼您當時喜歡這種運動嗎？

嘉：也喜歡的，但訓練總讓人疲倦。

莎：不如我們又問問周爸爸，為甚麼當初會安排嘉晴與嘉晴的姐姐學習乒乓球。

周：姐姐由小到大，個子也較為矮小，當年的學校鼓勵同學需要學習一種運動，一種音樂，運動方面，我則為她安排學習乒乓球，因為我覺得她的氣力不太大，籃球、排球也不夠氣力，所以便替她選擇了乒乓球，她也是學得不錯的，到現在她也仍然有打乒乓球，至於妹妹，由於當時為了方便照顧，所以姐姐練習乒乓球時，我也帶著妹妹一起到球場，漸漸她也開始接觸起乒乓球。

葉：看見周爸爸也頗堅持讓他們學習乒乓球，周爸爸是否自小也熱愛乒乓球呢？

周：我自小到大也只是亂打一通，當然也是喜愛的，但主要也

那些因乒乓球而改變了未來的人和事

23

是在街上與朋友玩玩而已，沒有受過正式的訓練，現在既為人父，有能力時，反正也想透過運動讓孩子強身健體，訓練專注力，所以便選擇了乒乓球給她們，讓她們也有著共同的話題。

葉：周爸爸最初是怎樣認識林教練的呢？

周：話說有一回，我與大女兒在體育館練乒乓球，適逢見到林教練正在教授其他小孩，便認識了。

葉：那嘉晴覺得林教練的教學是怎樣的？

嘉：他為人很友善、十分隨和、並會用不同的方法鼓勵我繼續練習，教我時也很有耐性，只是偶爾太多理論，如果他能說話精簡一點就更好了。

莎：林教練是怎麼教您的？

嘉：他會透過些較有趣味的方法，例如他會用「BB板」給我使用，又或者我也會請他用「BB板」來跟我打比賽。

葉：BB板是怎麼樣的？

林：誠如我之前介紹的，就是掌心般大小的球拍，起初那個只是簽名用的球拍，簽名球拍一般是用「木」來製作，較鎖匙扣大一點，適逢當時我有一些已經陳舊了的球拍，可以褪出膠皮，我將膠皮剪裁後，便貼在BB板上重新使用，結果便設計出「BB板」，讓嘉晴試著玩，也增加了教學的趣味與歡樂。

莎：嘉晴接觸BB板時，又有甚麼感覺，會否與姐姐那塊大球拍比較起上來，較想使用大的球拍？

嘉：其實我練習時也是有正常球拍的，只是偶爾感覺練習太乏味，才請林教練借BB板來調劑一下。

莎：那麼嘉晴又是幾歲開始打比賽的？

嘉：我第一次打比賽時只有四歲，當時爸爸告訴我，那只是場遊戲，當然，我也沒有比賽的概念，只是知道無論比賽是輸還是贏，也一定有玩具。

莎：那麼嘉晴又是否記得第一次打比賽的環境與狀況是怎樣的？

嘉：我當時參與的，是恒生「新一代」大比拼7歲組以下，當時我也只有4歲，對手也都是姐姐們，所以比賽不久，便告戰敗。

葉：嘉晴到現在，也已經身經百戰，妳有沒有哪一場比賽感覺是特別艱辛的？

嘉：我印象深刻的是六年級參與的恒生學屆盃決賽，因為當時我是一號種籽⋯

葉、莎：能否解釋一下何謂一號種籽？

嘉：一號種籽，是指在眾多參賽者中，積分最高的那位，當時我已六年級，已是最後一年，比賽前壓力也十分大。再者，對手在八強時已勝過二號種籽，他狀態相當好，所以我也很緊張，比賽到了第五局，我是8:5，仍然落後對手，我也預計自己會落敗，所以反而心態就更坦然去面對，盡力而為，結果竟然連勝6分，反敗為勝，得了冠軍。

葉：一般您參與比賽，爸爸會否也給妳壓力？

嘉：沒有的，他反而常跟我強調，一場比賽輸與贏，也不是最重要，即便輸了，只要再作檢討，就可以了。

葉：看來周爸爸也是嘉晴人生中一位很好的導師，那麼周爸爸，又想問問你，每次嘉晴比賽的時候，你會怎樣鼓勵她？

周：首先，要選擇參與哪場賽事，很多時候，也是我們家長去代為選擇的。而在我眼中，比賽如遊戲，是需要有點挑戰性。當然那種挑戰性並不是 Mission Impossible 難以企及。

那些因乒乓球而改變了未來的人和事

我認為為孩子選擇，較自己能力略高一點的比賽是最適合的。畢竟若每場也是必勝的，比賽就沒有意思，若逢戰必輸的，也太打擊信心，所以選擇一場適合的比賽十分重要。而比賽的結果，在我而言，並不十分重要，過程比結果重要，始終比賽只是人生中短短一小時的事情，而人生裡有許多大大小小不同的比賽，乒乓也只是其中一個項目而已，這是我一直給她的價值觀。

葉：東京奧運已經結束，嘉晴作為港青的成員，我也很感興趣，想了解嘉晴對奧運的看法。畢竟今年香港在乒乓球項目上很有成績。

嘉：我也為他們而高興，我也曾觀看過乒乓球港隊運動員的訓練，往往也見證到他們練習時的艱辛，汗流滿面。讓我明白到，成功是得來不易。

莎：那麼妳有否想過，自己將來也可能成為香港代表呢？或者也希望自己在乒乓球界取得成績呢？

嘉：我也未清楚未來的打算，目前自己仍處於中學階段，希望學業與乒乓球也能兼顧。

葉：那麼嘉晴在學習乒乓球時，周爸爸又覺得她在成長中得到甚麼呢？

周：其實她的成長也幫助了我，因為她透過乒乓球認識了許多朋友，在球場上，她也學會了獨立，也學會與同學相處，作為家長，也是希望見到孩子能獨當一面。在她小學時也已隨著代表隊前往歐洲或其他國家進行訓練，讓我明白到，家長也需要學會放手。

莎：再次感謝嘉晴與周爸爸給予我們百般的鼓勵。

律師皆因乒乓球而起？—趙頌熙

眼前這位專業斯文的律師，又怎麼會想到他就是昔日有「乒乓神童」之稱，並與胡錦濤前總書記打過乒乓球的趙頌熙呢？今集我們會訪問趙律師，了解乒乓球怎樣燃點他的未來夢，又怎樣一步一步帶領他邁向事業的頂峰。

第三集：律師皆因乒乓球而起？—趙頌熙

葉：自古英雄出少年，前人的說話十分有見地，不僅適合形容
　　我們上一集的嘉賓周嘉晴，也很適合形容我們今天的嘉
　　賓。

莎：文婪不用又詩又詞又賣關子，不如我們讓林教練來介紹一
　　下我們今天的嘉賓吧？

林：這位嘉賓四歲時已經接觸乒乓球，十一歲已在全國少兒乒
　　乓球比賽中得到冠軍。

莎：我知道他有著「乒乓神童」的稱號。而現在也已是一名律
　　師。他就是趙頌熙律師。不如我們也請趙律師簡單作自我
　　介紹。

趙：大家好，我是趙頌熙，現在是一名事務律師，以前我是位
　　全職的乒乓球運動員，到大學二年級，因為想在法律方面，
　　更上一層樓，便暫停了全職的訓練，轉為業餘打乒乓球，
　　也代表過香港大學參加世界大學生運動會，以及一些學界
　　的比賽等等。

葉：知道頌熙四歲已接觸乒乓球，為何那麼多球類活動不選擇，
　　卻獨愛乒乓球呢？

趙：其實我第一樣接觸的運動並不是乒乓球，我三歲時，是學
　　習網球的，因為我父親熱愛網球，每週六、日也會與朋友

> 我認為一個好的運動員，
> 需要將分數忘記，這樣
> 才能坦然去面對當下的
> 比賽。

邀約練習，但是當時我太年幼，而且網球也需要很大的體能，所以不太適合我發揮，及後，大約四歲，在一次偶爾的機會，見到表姐玩乒乓球，便感覺這項運動十分有趣，球來球往的，速度也十分快，似乎需要的力量也適合小孩去學習，也不會那麼容易就受傷，於是我便開始隨表姐學習乒乓球，我也很幸運，只是三個月時間，與父親練習一下，便參加了我人生的第一場乒乓球比賽。

葉：三個月便參加比賽，那父親給你的訓練是怎樣的？

趙：其實當時我的心態也只是玩玩而已，沒有抱著要勝利的想法，參加的是恒生新一代乒乓大比拼七歲以下組，我當時只是四歲九個月左右，我很幸運得了季軍，很深刻，在一場四進二的比賽中，對手是名七歲的大哥哥，他的個子也較我高出超過一個頭，我當時十分緊張，而且感覺他發過來的球相當有力度，我走到裁判席前向裁判詢問，為甚麼會對這個個子這麼高的大哥哥，是否對方並非七歲以下組的？當然最後自己是輸了。也是一次十分寶貴的經驗。第二年，我也有再參與這比賽，得了冠軍。這次經歷也讓我信心大增，也更加確定了我很喜歡這項運動。當時每天放學回家便與父親練習乒乓球，每天練習五至六小時也不覺得疲倦。所以這種興趣與激情，讓我得到佳績。

葉：那麼「乒乓神童」這個美譽又是怎麼得來的？

趙：「乒乓神童」這稱號，就是十二歲的時候，贏得全港甲組

那些因乒乓球而改變了未來的人和事

乒乓錦標賽的男單冠軍而來的，當時自己是歷史上第一位最年青的全港乒乓球男子單打運動員，所以傳媒便稱我為「乒乓神童」。其實那次比賽也是幸運的，畢竟對手中也有許多港青成員，自己有不少場賽事，也僅以一分之差險勝。

葉：當時得嘗勝利的滋味，有否覺得自己已是宇宙最強？

趙：那倒沒有，因為自己當初也預期不了這結果，沒有想過會勝利，其實當時預期自己只要進入四強，得到第三名已很滿足。

林：那麼你打比賽時心態是怎樣的？

趙：我認為一個好的運動員，需要將分數忘記，這樣才能坦然去面對當下的比賽。

葉：「乒乓神童」這綽號，為你帶來了甚麼？

趙：我認為這綽號所帶給我的，是弊多於利。也成為了自己的一個包袱。會被別人寄托了一種每場賽事也需要勝利的厚望，成為了我一種壓力。

林：那麼你的訓練的時間又是怎樣的？

趙：在未加入香港青少年隊的時候，我每週至少也練習五至六天，因為我覺得所有運動或任何技藝，也是熟能生巧，必須要多練習，也不該是在一種被逼的狀態下練習，而是要真心熱愛自己所練習的技能，這樣才會做得好。

林：那麼你在國內的訓練又是怎樣的？

趙：其實在未加入港青前，每星期父母也會帶我到深圳進行訓練，而在加入了港青及成為全職運動員後，我們隨著香港代表隊的教練，到廣東受訓，也到過北京受訓，北京那次，我留了差不多半年的時間，我也隨國家青少年隊進行過兩

三個月的訓練，也有到過德國的聯賽與球會，和那些隊員練習，讓我也熟悉歐洲球員的戰術。

林：你到過中國、歐洲受訓，又會怎麼評價不同地方的訓練模式？

趙：我感覺各地的訓練也很不同，香港那種則較傾向中國的訓練模式，我們是一種很紀律的訓練，例如早上練習三小時，下午練三小時，晚上再練發球一小時，練習時間長，教練也嚴格，而歐洲，練習並不長，可能一天只練習四小時，即便他們最頂尖的球手，例如奧恰洛夫、波爾，其實他們的練習並不多，可能一天只練兩三小時，然後便自己訓練體能而已。當然在那兩三小時內，他們會高度集中，反而我覺得八小時的訓練，未必每時每刻也能保持水準，所以我認為貴精不貴多。

葉：你一直也在運動界拼搏，又是從何時起萌生出要進入法律界的想法呢？

趙：中四至中六階段，我是位全職的乒乓球運動員，到中五開始，便萌生出修讀法律的念頭，主要是我希望能透過法律幫助到弱勢群體，去伸張正義。中學文憑試後，很幸運地夠分數入讀法律系，其實大學一年級時，我仍是一名全職運動員，但邊作全職運動員、邊修讀法律的生活，相當辛苦，我嘗試想兩全其美，但最終還是面臨二選一的抉擇，最終我也選擇了法律，辭退了全職運動員的訓練。

莎：要作出這個選擇，會很艱難嗎？

趙：真的思考了好一段時間，畢竟乒乓球自我四歲半已開始練習，直到大學一年級，也差不多打了十三四年，所以這個選擇，讓我相當為難。

葉：那麼若是人生能重來一回，你是否也會如此選擇？

趙：這個問題我也重複想過很多遍，其實當我下了決心，便沒有再思考太多，只好繼續衝，這個問題，冷靜和理性是解決不了的，因為我在乒乓球的發展已是全港頭二三名，與今天奧運代表黃鎮廷差不多水平，也有能力去應付世界錦標賽，但法律方面，又是我的新的嘗試，我真的渴望去接觸，也希望透過修讀法律去幫助其他人，當然繼續走乒乓之路能為港爭光，但法律能夠幫助到的人也不少。所以這個選擇是難的。

葉：今屆奧運，港隊在乒乓上的比賽也全城矚目，頌熙在觀看比賽時，會否也有些技癢，又燃點起你打乒乓球的那團火呢？

趙：當然會有，特別今屆奧運，見到那麼多位運動員能勇奪佳績——既有金牌、又有銀牌與銅牌。尤其乒乓球的表現也十分激勵人心，因為女團歷史性地得到銅牌，那三位女球員，也是我當年的隊友，也是曾合作過混雙的拍檔，所以在電視上見證到她們三位土生土長的女運動員可以在奧運這個舞台上奪得一面銅牌，可謂相當振奮，也有一份的感觸。

葉：是否因為曾與她們認識，所以感覺會來得更加大？

趙：是的，加上今年自己有份參與作奧運的旁述員，所以來得更加投入，也見證到她們的進步。

林：那麼頌熙是否能在此給予正在學習乒乓球的後輩一些寄語，若他也在學業與運動作選擇，你會給他們甚麼意見？

趙：我覺得必須要問自己，最想做的是甚麼，沒有一個標準答案，如果你心中認為我想打乒乓，那麼就去打乒乓吧；若你覺得是讀書，那就讀書吧。所以沒有對與錯。最重要的，是不要後悔。也不要忘記初衷。

乒乓健將的搖籃—黃子江

第四集

黃子江老師，自幼醉心乒乓球，憑著個人的毅力完成一場又一場的賽事。

今天已成為體育老師兼教練的他，卻感悟當時香港學校的乒乓球發展，資源與師資不足。

故此，決心在任教的學校聖公會主愛小學積極推行乒乓球教育，甚至成為首間香港乒乓球總會的乒乓球重點學校。

第四集：乒乓健將的搖籃—黃子江

本集主持及嘉賓

主持：林澤惠（林）、葉文嫈（葉）、范莎莎（莎）

嘉賓：黃子江（黃）

葉：今集的嘉賓，我會怎樣形容他呢？我會說他是在創造著未來香港的乒乓球界。

莎：你是否在說在校園中，很努力地推動學校成為乒乓球重點學校計劃的黃子江老師呢？

葉：莎莎相當聰明呢。

莎：那我們馬上邀請聖公會主愛小學的黃子江老師出場，有請！

黃：大家好，我是黃子江教練。

莎：黃 sir 能為我們介紹一下自己嗎？

黃：我除了是教練以外，也是一位小學的體育老師，在聖公會主愛小學任教了超過二十年，也是學校乒乓球隊的負責老師，那為何我喜歡教體育呢，本身我熱愛乒乓球，也喜歡其他的體育運動。

葉：我知道黃 sir 在學校不遺餘力地推動乒乓球，但你個人又是怎樣接觸乒乓球的？

黃：我小時候，可能當時社會經濟條件不佳，也沒有甚麼玩具，

主要也只是課餘的時間，與鄰居或朋友在家中樓下的石檯上玩乒乓球。

葉：但後來有沒有受過甚麼訓練？

黃：正統的訓練並沒有，主要靠個人去鑽研或請教些打得較出色的朋友。大學後，才有機會自費到內地受訓兩三個月。

林：那麼你在求學期間，加入校隊時，有沒有教練作培訓？

黃：是沒有教練的，也只是靠校內的老師去教授。

葉：那為何後來又會成為體育老師？

黃：我想是因為我熱愛體育，尤其喜歡乒乓球，所以為何會選擇成為體育老師呢，因為可以將自己所學到的，傳授給學生。

莎：小時候有沒有哪些人為你的乒乓生涯造成影響？

黃：主要也是一群志同道合的好朋友，以及一些對乒乓球很熱愛的老師，也是他們影響著我繼續進行這項運動。

葉：你在自學階段，覺得最缺乏的是甚麼？

黃：我覺得是技術，因為當時資源不多，也沒有 Youtube，主要也是靠書本、電視片段作自我摸索，但畢竟書本並不形象化，電視片段也因為沒有錄影機而未能記錄片段作慢鏡重播和分析，所以許多自己以為正確的姿勢，可能也有所偏差。

林：那麼在同學學習乒乓球時，會否也遇上哪些困難？例如學業成績有影響或是設備不足。

黃：以我多年的經驗，許多讀書成績不錯的同學，在學習乒乓球後，不見得讀書會有影響，器材方面，初學者完全沒有問題，但有些較有潛質的，能代表學校參加比賽的，就可

> **成績好的同學，在學習乒乓球後，成績不會有影響，我相信學習乒乓球，也是在提升同學的自理能力，或承受挫折的能力，反而對他是個幫助。**

能未必有資金去購買專業的器材。

葉：那些器材大約資金是多少？

黃：較好的球拍與替換膠，大約也需要一千元左右。因為若需要繼續進步，器材就需要提升，畢竟球拍與膠也會影響球的旋轉。

葉：在推動上有沒有遇過哪些阻力？

黃：其實是有很大阻力的，因為最初我當教師的時候，並沒有那麼多資源，學校也沒有資金聘請教練，主要也靠老師在放學後培訓學生，當然，老師本來也有著其他工作，所以一週也只能訓練學生一次兩次而已，學生人數也有所限制，只能訓練些代表學校參加比賽的同學，想再訓練較年幼的同學，但根本沒有這種空間與時間。

林：我過去也有協助一些學校教班，發現不少學校每週辦一兩天乒乓球班，資源已很緊絀，你們卻能辦足五天，那些資源可以從哪裡得到？

黃：其實最初也真的困難，很慶幸有一個契機，在 2010 年的時候，乒乓總會開設了一個重點乒乓培訓的計劃，當時一見到就很興奮，我第一時間撰寫計劃書，包括訓練的規模、

一週的訓練天數、時數，以及怎樣與乒總的訓練系統銜接，
　　我們需要乒總哪些資源。

葉：那是否意味著同學只要參與學校的訓練計劃，就能逐步考
　　進乒總的階梯？

黃：是的，例如學校可以推薦同學去參與「少兒精英」培訓計劃，
　　也需要推動學生參與青苗的訓練計劃，「少兒精英」則週
　　一至週五也會有訓練，每天兩小時，就像林教練的學生周
　　嘉晴也很年幼就已進入「少精」作訓練。

葉：在你們成為了乒總重點學校後，校內的乒乓球發展有了哪
　　些變化呢？

黃：變化是很大的，最初乒總也希望星期一至五也有訓練，但
　　初期是困難的，所以我們也只嘗試進行三天的訓練，但幾
　　年後，我們也有部分同學週一至五也在學校接受訓練。而
　　在家長方面，也是較以往更加熱心；乒總方面，以前較沒
　　有常規化的，現在每年也會按學校需要贈送乒乓球及球桌
　　到學校，同時康文署也會派教練前來學校教授。成績方面，
　　也顯著進步，例如黃凱彤，現在有參與全運會，我見證她
　　由一年級參與這計劃，最初正手對攻可能只打得十多板，
　　透過此項計劃，她不斷進步，考獲少兒精英。五年級以後
　　就進入港青，現在她已中四，成為全職乒乓球運動員。

林：學生由原來訓練兩三天，到每週訓練五天，你有甚麼方法
　　可吸引學生投入訓練呢？

黃：我會透過些獎勵計劃，例如在訓練期間告訴他，打得優秀，
　　便能得到銅章及證書，這對學生來說是個鼓勵。

葉：那麼黃 sir 又會怎樣判斷一個同學是有潛質去進行培訓的
　　呢？

黃：首先，他一定要很熱愛打乒乓球，因為只有熱情才會促使他主動去練習，提升技術。

林：那同學們在進行重複性的訓練時，會否覺個沉悶？怎樣可鼓勵他們持續地訓練？

黃：可以透過比賽的形式，例如鬥一鬥板數的多寡，誰的板數較多，便能得到獎勵，增加趣味性。

葉：若有些學校也想開始推廣乒乓球，您又會怎麼建議他們呢？

黃：我想也是可以向乒總申請這個重點乒乓球計劃，他們網頁已有相關資料。

林：黃 sir 還有沒有哪些寄語跟家長與同學分享？

黃：運動其實對學生的成長很有幫助，除了讀書外，運動也可以建立學生的品格，例如遇到挫折，怎樣不怕失敗。若只有讀書，可能他較少體會在比賽中刻苦，希望家長也是多方面發展，不要只著重讀書，也需要在其他方面給予學生發展的機會。

乒乓未來

機會黎喇！林教練──林澤惠

第五集

許多人也藉著乒乓球而開展了更精彩的第二人生，偏偏林澤惠教練，卻放棄了會計師的路，而成為全職乒乓球教練。

「林教練，會計師是香港人夢想中的四師之一呢！」但再問林教練，他也只會義無反顧地回答：「對，我知道！」

簡單的四個字，隱藏了林教練這 20 年來多少的經歷。

閒話休題，馬上聽聽林教練的故事。

第五集：機會黎喇！林教練—林澤惠

本集主持及嘉賓

主持：Vivian Wong（Vi）、葉文婓（葉）、范莎莎（莎）

嘉賓：林澤惠（林）

葉：林教練，過去幾集，你也是我們的主持團隊之一，今集成為被訪對象，習慣嗎？

林：其實也頗緊張的，也是第一次。

葉：林教練能為聽眾簡單介紹一下自己嗎？

林：大家好，我是林澤惠教練，是全職的乒乓球教練，學生有香港青少年代表隊、日本少年代表隊以及剛回美國的大學生代表隊。

Vi：林教練，畢竟我們也是當教練的，您會否與我一樣，也是修讀體育出身的呢？

林：我會考時也有副修體育的，但大學的主修則是會計及財務。

莎：那麼林 sir 又是否來自乒乓世家？

林：不是的，反而我父親是頗會打羽毛球的，他小時候是陳智才（前香港羽毛球代表隊總教練）的鄰居及好友，但我父親認為當教練或運動員也難以維持生計，所以他沒有傳授我任何的羽毛球知識，也頗反對我接觸球類運動。

葉：那麼林教練小時候，又有沒有想過自己會成為一位教練的呢？

林：沒有，幼稚園期間，反而我喜歡的是一級方程式賽車，也尋找過一些關於學習賽車的資訊。小學時，數學成績則較為突出。

Vi：但後來又為何會選擇了乒乓球呢？

林：我最初在得知香港沒有機會學習賽車後，便醉心於練習單車，有時會連續練習多個小時，但後來讓父親知道了，他擔心單車的練習會忱誤我的學業，便將我的單車送給親友，單車夢也到此為止，小五時，因為沒有運動，便暴肥起來，走在街上，也容易被途人以「肥仔」稱呼。後來祖父見狀，便購買了乒乓球與球拍給我，由此漸漸愛上了這項運動。當然，那時候並沒甚麼正式的訓練，也只是對著牆壁對打，屬自娛自樂的性質。到中學階段，大約中三時，我開始積極練習乒乓球。

葉：那麼林教練有否參加過哪些比賽？

林：也參加過不少，例如高中時參與亞洲學界選拔賽、全港公開賽、大學時與國際選手聯隊參加些公開比賽，但讓我印象最深刻的當屬中學二年級的一場班際比賽，我的對手是我的同學與好朋友，當時的賽制仍然是舊例 21 分制，我則輸了 21:1，而我所得到的那一分，也只因對手發球時的失誤，我才得分。

莎：當時你的感覺又是怎樣的？

林：當然是非常的傷心，回到家也抱頭大哭了幾個晚上，亦不停檢視自己為何會落敗那麼多。因我也有一種不服輸的精神，於是便發奮練球，善用學校的小休、午休以及放學後與課餘的時間去練習乒乓球。

Vi：但你父親知道你練習乒乓球的事情嗎？

林：所以也儘量不那麼早就回家，免得被父親發現。記得當時要練習乒乓球的人也頗多，大約十多人，只是場地僅得兩張檯，加上仍是舊制的 21 分，所以往往輪候時間也頗長。當然輪候期間也會溫習一下、趕趕功課進度或是觀察一下其他人的乒乓球技術。

葉：其實你是不是很想贏回之前那位同學？

林：是的，其實是很想勝過他，所以回想若不是因為當時的慘敗，也許自己也未必會繼續接觸乒乓球。

莎：結果有哪些轉機嗎？

林：最終在中學三年級打班際比賽時，以 22:20 贏回那位同學。

莎：會計師也是港人羨慕的職業之一，為何完成了會計的學位後，又沒有進入會計界，反而去當了名乒乓球教練呢？

林：在我讀書的過程，我家境並不特別富裕，我除了兼職替人補習以外，也有在乒乓總會的進修班中當助教，當時我並未是主教，也未考獲教練牌，年資尚淺，但也已開始觀察其他教練教授的技巧，也開始思考會否將來走教練的路。主教練也常授權給我在教學上發揮。

葉：到底要當上一名教練，一般步驟是怎樣的？

Vi：其實坊間也有許多學院舉辦不少相關的教練證書課程，當然，我與林教練是不同項目，我們也要回各自的總會去獲取專業的資格，例如他就是乒乓球那邊的教練資格，我則是跑步與游泳的教練資格，所以我們有些地方是共同的，當然到自己的專項，則會有些不同了。

莎：那麼林教練當時有沒有哪些難忘的回憶？

林：最影響我繼續教乒乓球的事件，大約發生在 2009 年 3 月，我在觀塘的體育館中正在為一所學校的校隊授課，其中一

名學生，在打球時不小心球拍脫手，飛脫的球拍剛好擊中
了我的右眼，在我也未來得及反應時，我已躺在地上，滿
地也是鮮血，不久救護車來到，將我送到附近的醫院，傷
口也經歷了好些時日才能復原，但過程也是徬徨的，畢竟
復康期間，暫時要避免進行劇烈運動，所以有好一陣子，
自己也未能教乒乓球，經濟收入受到打擊，同時，也因為
意外，自己對再次重執教鞭，存有陰影和恐懼。

葉：那麼林教練你又怎麼重新振作呢？

林：當時我有兩條路可以選擇，第一當然是考取專業資格，重
　　拾會計師之路，第二，就是繼續當教練，在我養傷期間，
　　也已有不少學生轉了老師，正在失意之時，就讓我遇上了
　　嘉晴與嘉晴爸爸，他也給我時間康復，並給我機會去教嘉
　　晴，結果才讓我重拾當教練的使命感。

葉：當時嘉晴只有四歲，你要教一位那麼年幼，且具有潛質的
　　學生，挑戰大不大？

林：挑戰也頗大的，例如當初教嘉晴的時候，嘉晴的父親對我
　　要求也很高，因為嘉晴其他同學所追隨的教練也甚具名氣，
　　例如可能有前港隊成員，也有國內的高手，這些事也增加
　　了自己的壓力，擔心自己表現不濟，家長便會轉換教練。

莎：那麼你又怎麼判斷學生是否有潛質呢？

林：我會看他手握球拍的穩定程度、下盤重心是否穩固，當然
　　家長的熱誠一是否全力支持學生學習也是重要的因素。

葉：除了嘉晴以外，有沒有哪些同學的故事，對林教練也是很
　　深刻的？

那些因乒乓球而改變了未來的人和事

林：我也有教授不同國籍的學生，不同歲數的學生也有教，那麼我最近較為深刻的學生是 Ricky，他本來是位六十多歲的先生，與他首次練習時，我也有點疑慮，因為他行動有些不便，而手和腳也抖得厲害，教學期間，我也擔心他會因此受傷。但經過一段時間的學習，目前他的左右手已發揮得很靈活。而除了 Ricky 外，在兒童之家的教學經歷，也是讓我深刻的，因為兒童之家的孩子可能因著各種原因，有注意力不足、或較大的情緒、以及紀律鬆散等問題，我則透過乒乓球的訓練幫助他們成長，甚至在學業上得到提昇。

Vi：林教練未來又有哪些計劃？

林：我目前也在營運自媒體，因我見坊間並不多宣揚乒乓球理念的平台，所以希望能透過自媒體多分享乒乓球的歷史、資訊予街訪，希望能在社區引起更多關注，讓人發覺乒乓球除了競技方面，也可以用不同方式去呈現。當然，我自己也有些特別的小手作。

莎：是不是就是我們常見的 BB 板？

葉：像是塊縮小了的乒乓球拍

莎：如掌心般大小

Vi：像是玩具，不能作為實戰使用吧？

林：其中一個原因，也是為了讓小孩更愉快地學習而設計的，當然三四歲的孩子對於握持正規的球拍會有難度，所以這塊 BB 板可以幫助他們掌控乒乓球，而這塊小球拍的膠皮，是符合比賽使用資格的，因為球例並沒有限制球拍的大小。至於除了自媒體、BB 板外，在香港電台社區參與廣播服務中製作《乒 Bling 未來》的節目，也是我的新嘗試，希望透過大氣電波傳遞積極正面的想法，也透過乒乓球改變大家的未來。

乒乓父子兵——何思漢（Roland）、何睿光（Zechary）

第六集

今集的嘉賓何思漢先生（Roland）與兒子何睿光（Zechary），是一對新加坡的父子兵。

作為銀行管理層的何先生為何獨愛乒乓？

兒子來港後，又怎樣透過乒乓融入社區？

一眾主持與新加坡的嘉賓又會用什麼語言對答？

第六集：乒乓父子兵—何思漢（Roland）、何睿光（Zechary）

本集主持及嘉賓

主持：林澤惠（林）、葉文孁（葉）、范莎莎（莎）

嘉賓：何思漢（Roland）、何睿光（Zechary）

莎：何先生（Roland）與兒子來了香港多久？

Roland：我們也已經來港有三年多的時間。

莎：你是否在新加坡已經接觸乒乓球？

Roland：我自小已開始接觸乒乓球，但卻沒有受過正規的訓練，只是與朋友彼此玩樂。

葉：那麼為甚麼你會對乒乓球特別有興趣？

Roland：其實我也有很多運動的嗜好，但乒乓球是我較喜歡的，也花費了較多的時間。特別與朋友們在一起，一次就能玩很久。

莎：新加坡人又怎麼看乒乓球？

Roland：在我成長的年代，當時的人會視乒乓球是一種娛樂，沒有甚麼特別。與現在很不同，如今新加坡人學習乒乓球也很講求系統性。當然我們的乒乓球協會也提供了更多相關的課程與設施予學生學習，也像香港的乒乓總會那般有

了明確的階梯。不過與以往相比，由於現在
的設施與場地也已正規化，所以預約和輪候
的時間也增加了。大概香港也有這種情況
吧！

林：是的，例如香港要預約康文署的乒乓檯，也
　　需要提早七天預約。

葉：那麼按 Roland 觀察，新加坡政府是否鼓勵
　　國民打乒乓球？

Roland：我認為是鼓勵的，他們鼓勵國民多點
　　　　去進行體育活動，乒乓球也是國家隊的強項
　　　　之一。

莎：那麼現在的新加坡家長又怎麼看孩子學習乒
　　乓球呢？

Roland：也是受家長歡迎的，因為現在學校或
　　　　家長也已很重視體育為孩子成長所帶來的訓
　　　　練。再者，若在新加坡你打乒乓球打得出
　　　　色，也能通過一些機制考入較好的學校。

葉：我覺得新加坡人與香港人也頗多相似的地方，
　　例如那種拼搏的精神，但是有一種經驗，則
　　新加坡才有，香港是沒有的，就是新加坡的
　　男生需要當兵。那麼 Roland，在你軍訓期
　　間，又是否有機會接觸乒乓球的呢？

Roland：這個機會比較少。

莎：那麼你又怎麼看新加坡與香港的乒乓球文
　　化？

Roland：新加坡的乒乓推廣較倚重乒乓協會或

乒乓球很考驗注意力，所以當打乒乓球的時候，心態很能夠放鬆，特別工作有壓力或感到很繁瑣的時候，也因乒乓球而放鬆。

是學校，而香港除了有乒總與學校的推廣外，我感覺民間也有不少自發的課程、比賽也是十分精彩的。香港的設施也較新加坡的略為專業。

葉：也知道 Roland 從事銀行業，屬管理層，能跟我們分享一下，目前工作涉及哪些範圍嗎？

Roland：我主要集中在金融與市場的，例如：外幣、利息、債券。

葉：從事這些工作需要花費的精神、體力也不少，但在這些忙碌的挑戰中，日常生活還有沒有機會打乒乓球，放鬆一下？

Roland：能嘗試一下，但往往時間不足，現在較常有的，只是觀看兒子打乒乓球。

葉：只是觀看，就已經足夠了嗎？

Roland：當然若有親子比賽我也會落場參與的，我想是減壓的一種活動吧，畢竟乒乓球很考驗注意力，所以當打乒乓球的時候，心態很能夠放鬆，特別工作有壓力或感到很繁瑣的時候，也因乒乓球而放鬆。

葉：又想問問林教練，香港目前的親子比賽也多嗎？

林：也頗多的，但主要是由民間團體籌辦，而乒乓總會主導的，則較為正規，例如排名賽或公開賽。

莎：Roland 有否與兒子 Zechary 對打過？

Roland：他在初學時，我們較多對打，但隨著他的「功夫」越來越好，我也較少與他對打了。

葉：那麼 Zechary 接觸乒乓球時大約有多大？

Zechary：我大約七歲起在新加坡已接觸乒乓球，當然來到香港有繼續進深。

莎：那麼你對學習乒乓球感覺是怎樣的？

Zechary：除了比賽時較為緊張以外，基本上學乒乓球也是種減壓的球類活動。

葉：那麼你又覺得上林教練的課程是怎樣的？

Zechary：上林教練的課堂也會有少許壓力，但我覺得這對我是好的。

葉：那麼在林教練眼中，又怎麼看教導不同文化背景的學生呢？

林：其實許多這類的學生也未必懂得說粵語，所以乒乓球能夠幫助他們融入社區。

葉：過程又是怎樣的？

林：我想是有幾類不同學生的，有些學生只視乒乓球為普通娛樂活動，但也是好的，他們可以透過這種消遣，結交不少香港學習乒乓的朋友，有些則可能是因為香港的乒乓球水平不錯，而為了提昇技術而前來學習的。

葉：那麼在你教授 Zechary 期間，又有哪些趣事發生過？

林：我主要與他是以英語對話，但我想我的英語能力也只局限在體育或乒乓球的範疇，所以若 Zechary 表達些趣事或卡通片上的事情，我就不太能理解了。

莎：林教練在教 Zechary 上會使用哪些技巧？

林：當然我也會用 BB 板與 Zechary 對打，培養他的興趣。

葉：Zechary，林教練與你用 BB 板比賽時的過程是怎樣的？

Zechary：當我自我感覺良好時，林教練便會提出他用左手手持 BB 板來跟我對決。

葉：林教練有遇過 Zechary 不想練習的時候嗎？

林：Zechary 本就很熱愛打乒乓球的，只是往往遇上考青苗，或預備其他比賽時，Zechary 的狀態便會變得較為緊張，

我相信這種情況也是要適當地給予他鼓勵。

葉：Zechary 又怎麼看呢？

Zechary：其實在比賽時，遇上強敵，也令我學會要繼續努力，也是讓我學習怎樣管理壓力的一種過程。

葉：林教練又怎麼看 Zechary 這位弟子？

林：我是欣賞的，因為 Zechary 本來是打直板，甚麼是直板呢，就是板柄較短的，以他是海外的學生來說，使用直板，是十分難得。

葉：Zechary，在你學習乒乓後，你覺得有哪些改變嗎？

Zechary：學習乒乓球除了讓我減壓以外，也讓我做事變得更有目標，更學會要集中注意力。

葉：那麼在 Roland 眼中，又覺得兒子學習乒乓球後，有哪些轉變呢？

Roland：我覺得他學習乒乓球後，是成熟了也堅持了的，受訓期間也讓我看到他慢慢地成長，他也參加不少的訓練與比賽，所以每次也看著他的進步。

葉：進入青苗後，訓練是否艱辛？

Zechary：我反認為過程是有趣的，也因此認識了不少朋友，增加了自己與人接觸和溝通的機會。

林：我也很欣賞 Zechary 比較主動的與其他小孩社交與接觸。

葉：Roland 對 Zechary 有沒有哪些期望？

Roland：我想只要他能夠在痛苦中或是艱難中，繼續有堅持下去的勇氣，我便已經很滿足了。

莎：那麼 Zechary 對未來又有哪些憧憬？

Zechary：我相信我會繼續努力在乒乓球上下功夫，說不定，哪天能成為新加坡隊的代表。我也希望透過乒乓球影響更多的人。

高手高手高高手—高禮澤

第七集

2004 年雅典奧運，高禮澤與李靜這對乒乓孖寶，為香港贏得男子乒乓球雙打的銀牌，震憾全城。

今天高禮澤已由運動員成為一名資深的教練，繼續以他豐富的經驗培育著港隊新世代的將領。

今集將有高教練—高 sir 為我們分享他的乒乓人生。

第七集：高手高手高高手—高禮澤

本集主持及嘉賓

主持：林澤惠（林）、Vivian Wong（Vi）、葉文婓（葉）、范
莎莎（莎）

嘉賓：高禮澤（高）

葉：我們很榮幸今集有高 sir，高禮澤教練成為我們的嘉賓，在
我而言，可能我的資歷較淺，我會認為高教練是一位成名
已久的英雄，就像那些大俠，一出場便很厲害一贏了許多
比賽、得到許多的獎牌，但是對於他的成長背景，又或是
他艱苦訓練的歲月，甚或是怎樣的艱苦法，我們就好像不
太清楚，那不如請高教練跟我們分享一下你的成長背景。

高：其實我接觸乒乓球算是較晚，因為許多小朋友現在可能六
歲七歲已接觸乒乓球，但我也要到十歲才開始接觸。小學
時，因為見到同學打乒乓球，於是自己便開始嘗試，結果
一嘗試，自己也很喜歡，就因為這樣而開始打乒乓球。當
時在內地成長，體校入讀要求較寬鬆，只要對體育頗有熱
誠的學生也能入讀，就這樣我便住進體校，並展開了乒乓
球訓練生涯。當然，家人其實很不情願的，特別母親覺得
我才十歲，便要離開家人。

莎：那麼你會怎樣形容自己與乒乓球之間的關係呢？

高：當然開始時是十分喜歡的，但訓練期間也覺得很辛苦，日子也頗難捱，特別越往上爬，所經歷的困難就越多。只是經過了這些鍛鍊以後，又越來越熱愛，即使到現在，自己也喜歡提起球拍，把玩一下，我想這是一個過程。我覺得乒乓球給了我許多東西，除了獎項以外，也是人生的一種磨練，當然太太也是因乒乓球而認識的，子女現在也有打乒乓球。

莎：那麼你記得第一次打乒乓球的場景是怎樣的嗎？

高：當時學校的條件不是太好，我們那個年代，乒乓球檯也是石檯來的，球桌中間，擺放幾塊磚頭便當作是網，使用的球拍也較隨意，有些連膠皮也沒有。最有趣的是，我在過程中發現了自己左手打球較靈便，但除了打球外，右手還是我的正手，例如執筆、執筷子，我也是使用右手的。

Vi：那麼你又何時開始決定要當上全職運動員呢？

高：十二歲時我已經參與廣東省的比賽，奪得冠軍，教練於是鼓勵我加入廣東省隊，加入省隊，便已經是職業。變成上午、下午也訓練，晚間才上課。

Vi：高 sir 由十歲入體校，十二歲已經進入省隊，看來這兩年的訓練也十分刻苦的呢。

高：進步也是飛躍的，當初入體校時，我們有十多位同學，就水平來說，當時我是最後一名的，但一年後，我已經成為水平最高的那位。因為自己真的喜歡，也常常鑽研。特別同學晚上在休息時，我也仍然去練習。

林：那麼高 sir 當上省隊的全職運動員以後，會否與以往有哪些分別？

高：全職我覺得真是艱苦的，加上對自己的要求也越來越高，漸失卻了像過去那種「玩樂」的感覺，現在就變得一定要有些成績。壓力也變得更大。曾經也想過放棄，畢竟早上六時，早餐也未吃，便要開始跑步。

Vi：我也補充一下，內地體校的晨跑，是標準運動場的 400 米八個圈。

高：是的，加上每個星期也超過四十小時的訓練，十分刻苦。當時的日程，大約是早上六時至七時便晨跑，早晨後，大約八時半到十一時，便開始練習乒乓球；午飯過後，兩時至六時，再進行訓練；晚餐過後便需要上課，十時才休息。每天也大約如是。

葉：真的是現代少林寺呢！

高：有些同學也會在過程中，承受不著壓力而哭泣或退學回家。

葉：那麼高 sir 又怎麼會由內地前來香港的呢？

高：前來香港時，我已經二十四歲，與李靜一起來。當時我已退下了國家隊。我是十七歲加入國家隊的，入面的競爭相當激烈，高手也非常多，於是我便與李靜來港發展，畢竟過去我們已是雙打的夥伴。

葉：那麼你覺得香港與內地的訓練有哪些不同？

高：其實模式並無不同，唯一不同，可能是內地我們訓練的強度與對抗性稍強一點，因為內地的人較多。

Vi：那麼高 sir 來港便馬上進入體院嗎？

高：我算是較為幸運，來港便已進入體院，也代表香港外出比賽，加上香港有一個很大的優勢就是，比賽的機會相當多，我在內地也許四年才有一次機會去參賽，但來香港，只是幾個月，便有機會代表香港外出比賽。

林：知道你與李靜教練也合作了一段相當長的時間，你與李靜的性格也十分不同，合作上有哪些合拍的地方或者不合拍的地方嗎？

高：我們是兩個不同的性格，我比較靜一點，李靜的性格較為外向，但若在球場上，我們打雙打，這是個非常好的配合，例如他衝動時，我會勸他冷靜點，有時我激情不足時，他又會煥發我的激情，其實很多時在球場上往往我們也只是用眼神去交流。我們一個使用右手，一個使用左手，走勢上的配合相當好。

Vi：很多雙人組合的運動隊伍，包括雙人花式跳水的運動員，也會一同起居、一同受訓，那麼你與李靜教練「同居」了多久？

高：前來香港以先，我們已經「同居」，加上在港期間，大約十二年的時間，因為在國內，我們也是廣東人，被編排在一起，來港後，體院安排我們在一起。

葉：這種相處，是否對培養在球場上的默契有幫助？

高：絕對會的，因為大家更了解對方，因為比賽時的默契，除了技術的配合，也講求性格上的配合，我想若不是與隊友住在一起，效果未必會理想。

莎：你們的戰術上有哪些特色呢？

高：我們始終是亞洲人的體格，不及歐洲人那般魁梧，所以較善於發揮短波，也就是小路球，特別我們使用直板。當然在奧運比賽上，我們也靠這種戰術贏了許多對手。

Vi：那麼除了李靜教練外，高 sir 有跟其他運動員合作過雙打嗎？

高：臨退役的兩年，我們有轉過拍檔的，我試過與梁柱恩合作，

那些因乒乓球而改變了未來的人和事

這是出於戰略的考慮，因我與李靜的戰術已被外國的選手看破了。

Vi：若我們時光倒流，回到雅典奧運，你再選擇拍檔，是否仍會選擇李靜教練呢？

高：一定會的，第一、因為我們當時已合作了很久；第二、我們兩人的體能與技術也已是巔峰的狀態。

葉：那麼奧運摘銀，也是你人生的一個巔峰嗎？

高：是的，但若論是發揮得最好的一場比賽當屬 06 年的多哈亞運會。當時我們正正勝了在 04 年贏了我們的那兩位對手。

莎：那麼 06 年後，又有沒有哪些較為難忘的比賽呢？

高：其實每一年的比賽，我們也很難忘的，例如 2007 年的世界錦標賽，我也與李靜覺得可能是我們最後一次參與世界性的賽事，故此比賽前也作了許多訓練與準備，例如透過影片不停重溫和分析對手的技術，最終也得了獎牌，算是很完滿！

葉：知道高 sir 在 2012 年，當上教練，但其實在當教練之前，高 sir 有沒有哪些選擇的呢？

高：我想在 09 年後，我已經感覺自己體能以及競技的狀態開始下降，所以也思考著需要轉型，但我自己仍然十分熱愛乒乓球，所以即使自己不再上戰場，也有機會可以帶著年青的運動員成長，奪得好成績，故也向總會申請，看看能否轉為教練，結果總會也十分支持，所以 2012 年便成為了教練。

葉：你又覺得一位好的運動員，也會是位好教練嗎？

高：未必，現在我也要學許多知識，打球打得好，不代表會當教練，我覺得由自己會打球，到教人怎樣打球，也是個大

全職運動員真是艱苦的，加上對自己的要求越來越高，**漸失卻了像過去「玩樂」的感覺，變得一定要有些成績。壓力也變得更大。**

挑戰。

葉：那麼怎樣才算是一位好的教練呢？

高：我認為一位好的教練最重要是懂得因材施教，我覺得這是困難的，因為每一位運動員也有自己的性格特點，你不能完全用相同的模式去教授。

Vi：由運動員變成教練，心態上的轉變是怎樣的？是否過去因為曾當運動員，所以更能體諒運動員的難處？

高：我的心態是轉變了不少，例如我在比賽時，較為冷靜，但作為教練就較性急，看來自己在這方面也要調節。我想我也要學習給予運動員更多時間成長。

莎：剛才高 sir 也表達過乒乓球改變了自己整個人生，那麼你又是怎樣因為乒乓球而遇上另一半的呢？

高：我的太太是當時一位親友介紹的，這位親友只給我對方的電話，便叫我打電話與對方聯絡，並約出來吃飯、彼此認識。第一、二次我們也不多話聊，畢竟我也不是個健談的人，幾次見面後，有次到女方家中吃飯，她住在上水那些村屋，村屋外有塊空地，剛好那裡有張乒乓球檯，寡言的我，一打乒乓球便變得健談，與對方的家人也拉近了關係。

Vi：現在高 sir 的小孩也有學乒乓球，你會否也期待他們打得像你一樣？

高：我也沒有要求他們要玩到哪種程度，或給他們很大壓力，但我必須要他們，盡上自己的全力。對著自己的學生我也是這樣要求。

林：那高 sir 又怎麼看我們香港將來的乒乓球發展呢？

高：我覺得近這十年，香港的乒乓球發展相當好，特別今年香港在奧運有這麼好的成績，體院已經表示會再建設新場館去培訓人才。場地較大，我想我們能錄取的學生也就更多，相信乒乓球培訓會有更多機會。

林：那麼對現役球員，有哪些寄語？

高：我認為香港的機會很多，球員只要努力、勇於付出，一定有發展機會。

乒乓有情—霍永康

第八集

乒乓球「的的式式」可以彈得很高—帶著香港走入國際運動的舞臺；但也可以擲地有聲—貼地地進行許多社區工作與服務。

今集《乒 Bling 未來》將有中國基督教播道會—播道兒童之家的社工督導霍永康先生（Joe 哥哥）講述如何透過為兒童之家舉辦乒乓球班，一步步讓孩子克服困難，得到成長！

第八集：乒乓有情—霍永康

本集主持及嘉賓

主持：林澤惠（林）、葉文婪（葉）、范莎莎（莎）

嘉賓：霍永康（霍）

葉：Joe 哥哥能為我們介紹一下，播道兒童之家是個怎樣的機構嗎？

霍：其實播道兒童之家是一個社會福利署資助下的社會服務，我們稱為兒童的院護服務，主要照顧些來自破碎家庭的小朋友，大部分也是由社會福利署轉介來的，一般他們家庭也出現了問題，父母未能照顧到小朋友，例如你會在新聞中看到些虐兒的個案或父母是精神病患，或是濫藥，甚或是突然離世，這些孩子也會被轉介到播道兒童之家入住，現在我們的宿位，大約有八十一個。孩子的年齡介乎六至十八歲左右。有廿多位小學生、五十多位為中學生，所以以中學生居多。

莎：那麼你們的服務又包括了甚麼？

霍：我們的同事，一般會被稱為「家長」，在社工的督導下，他們便承擔了「代家長」的角色，在院舍中照顧小孩的日常起居飲食，照顧他們的學業成績。

葉：這些孩子是怎樣的？

霍：外觀上和普通小朋友沒有分別，但也會有些特點的，畢竟他們都來自問題家庭，所以成長時身心也會有些創傷，行為與情緒亦受到影響。

葉：為何會為他們開辦乒乓球班？

霍：當初有位很熱心的姨姨，她建議不如為孩子們辦個乒乓球班吧！適逢我正在申請一個基金去協助一些有特殊需要的兒童，例如自閉或專注力不足的兒童，而乒乓球班正好在團隊合作、專注力上很能建立到他們，讓他們學會面對挫折、勝敗以及分工等等。

莎：那麼這個乒乓球班，要照顧多少位小朋友？

霍：主要分了兩班，一班初班、一班中班，後來也有試過全班也是特殊需要的小朋友，這個挑戰性較大，但也只是八人一班。

莎：會有甚麼困難嗎？

霍：秩序和情緒管理也是難處理的，所以八人一班，我自己也是硬著頭皮籌組。但經過乒乓球的訓練後，我欣喜地見到他們有改變，他們也很能夠找到自己能發揮的地方，而當他們找到自己可發揮的地方時，便能激發他們的注意力，也驚覺原來他們可以很合作。

葉：那麼教練在接觸這類小孩之前，是否需要注意甚麼？例如是否需要些輔導的裝備課程？

霍：那倒不用，畢竟教學期間，我也在場，會支援教練，我想其實也是一個與教練一起摸索的過程。

莎：那麼按你觀察，教練有沒有哪些教學方法，是對孩子們的專注力有提昇的？

霍：我觀察到教練許多地方也教授得很細緻，例如他不會一來便讓孩子們在球檯上對打，可能要他們先進行些熱身和練

習，例如先練習顛球（滴波），也不容易，因為你要專注地看著球在球拍上上下上下。有時也會增加難度，例如正手、反手的練習，接著也會要他們練習肌肉。其實教導特殊兒童，往往需要將任務分割得仔細和清晰，此外，教練也會為學生分工得仔細，例如除了比賽者之外，有些孩子會協助計分、有些負責協助收拾地上的乒乓球，讓每位學員也有角色，讓他們得悉自己要做甚麼，這樣他們便能夠專注。

葉：孩子在沒有耐性時，你一般和教練會怎樣鼓勵他們？

霍：其實他們有些也很愛打乒乓的，也會模仿乒乓球員的動作，當然，也懂得分辨哪些球拍比較好。所以有時教練也會進行些賽事，並將球拍送給那些守紀律、打得好的孩子，而我看到哪些孩子開始學習態度有進步時，也會將片段錄下，告訴他們，影片會給院長看。確實有些孩子因著鼓勵而變得很用心地學習，而且越打越進步。我也為他們的成長而高興，因為這些孩子在學校裡有很多挫敗，常會因為集中力不足、擾亂課堂秩序，而被貼上負面的標籤。我希望透過這些訓練給予他們更多正面的肯定。

葉：那麼林教練，當時教學的過程又是怎樣的。

林：我大約在 2004 年於播道兒童之家協助乒乓球班，有些學生也已經長大或畢業了，甚至有同學因為乒乓球而對他人生有了轉變，目前已在修讀博士學位，我感到很欣慰。坦白說，兒童之家

這些孩子來自問題家庭，成長時身心也會有些創傷，行為與情緒亦受到影響。但經過乒乓球的訓練後，他們能夠找到自己可發揮的地方，而當他們找到自己可發揮的地方時，便能激發他們的注意力，也驚覺原來他們可以很合作。

的孩子與我在外教的同學相比較，沒有想像中那麼頑皮。特別當他們慢慢將乒乓球培養成為興趣後，其實也十會聽話、很自發地練習。

葉：那麼最初與他們溝通時，會否也需要用很長的時間？

林：也因人而異，但確實需要較多時間去溝通。例如有些同學不喜歡收拾地上乒乓球，也很不合作。那麼我會告訴他，若地上的乒乓球收拾得越快，便越快有機會上場打球，這樣往往他們也變得合作。有些較頑固的同學，也會觀察到其他同學因為迅速地收拾好乒乓球，而能快快地使用球桌時，他們也會加入收拾的行列。當然這是需要時間的，只是一旦他們明白了秩序帶來的好處，他們上課的態度也變得積極和親切。

莎：開辦後，你覺得孩子達到了哪些成效？

霍：我不會將成效設定得很高，畢竟每個小孩的基礎程度也不同，反而我希望孩子們能享受過程。在過程中見證他們在的社交能力、手眼協調有進步，我便十分滿足，當然我也會從同事那裡得知他們的進步，例如集中力持久了，更願意投入時間在功課上。不如我也跟大家分享一個故事，因為這些孩子也不是學校一般見到的小朋友，畢竟他們也來自破碎家庭，其中一位小孩叫阿信，長得也頗帥氣的，但他其實很沒有自信，父母很早便拋棄了他，由婆婆照顧，輾轉便被送到寄養家庭，再送到我們播道兒童之家。當時他才九歲，雖然阿信內心很沒有自信，然而他處處故作囂張、好鬥，來掩飾內心。他當時也有參與乒乓球班，我們知道他愛上了某塊較優質的乒乓球拍，於是便與教練舉行了一場比賽，讓勝出的孩子，可以得到這塊名貴的乒乓球拍，阿信經過努力，真的贏了比賽，但過程中，他要學會

那些因乒乓球而改變了未來的人和事

63

坦承地面對自己的限制及衝破許多心理關口，也要下苦功去練習。因為他本來有專注力不足過動症，例如過去也試過在臨睡覺前突然心血來潮想起某件玩具，便嚷著要到玩具櫃裡取用，吵醒了其他孩子，也要同事來處理，所以當我看到他真的透過乒乓球被推動和激發時，十分高興。

葉：那麼林教練又怎麼看阿信呢？

林：我最欣賞的是他在紀律方面的改變，因為他最初與其他小孩相比較為不合群，也有點自視過高，但透過那次比賽、分工一也有訓練他當小裁判，我發現他與其他小孩的相處、溝通也進步了，甚至會自發地練習乒乓球。猶記得第一次去教他們時，開乒乓檯大家也很不合作，拖拖拉拉的，但到後來，我也未開始教班，他們已預備好球桌、球網，一切也就緒。

葉：因我見這個乒乓球班很有成效，會否也考慮嘗試向其他機構去推廣，或是籌辦些聯合比賽呢？

霍：其實我們辦這些活動，也並不局限於我們院舍的孩子參加，也與日間院護中心合辦，這樣合班也是好的，孩子們會有不同的發現和火花，因為兩邊的孩子們彼此並不認識，所以他們要學會建立關係，也對社交上有提升。就我所知，現在也多了些照顧特殊兒童或服務他們家長的機構，我想若他們也舉行這類課程，相信也是受歡迎的。

葉：那麼對著那些院舍中的孩子，你又有甚麼說話想跟他們說呢？

霍：其實每位小朋友在我或我們同工心中也有獨特的位置，因為他們每一位也需要我們獨特的關注，我也希望能在他們人生中幫一幫助他們，增強他們的抗逆能力，將來成長能更有力地向前行。

乒乓體壇名嘴—蔡建新

第九集

蔡建新先生，為 50-60 年代香港乒乓球運動員，以年輕之姿退役後，獲邀成為乒總元老隊委員，積極參與推動乒乓球事務，更先後擔任麗的（亞洲電視前身）與無線電視的乒乓球評述員，1971 年，更以製作人、導演及評述員身份將第三十一屆世界乒乓球錦標賽搬入電影院，釀成乒乓熱潮，成為一時佳話。晚年，蔡先生仍致力研究與發售乒乓球器材，造福業界。

第九集：乒乓體壇名嘴—蔡建新

本集主持及嘉賓

主持：林澤惠（林）、葉文嫈（葉）、范莎莎（莎）

嘉賓：蔡建新（蔡）

葉：知道乒乓球在蔡 sir 的人生中，擦出過許多精彩的火花，但在你年青時，香港打乒乓球的人多嗎？

蔡：當年因為環境不是太好，乒乓球是最便宜的體育用品，場地的要求也不高，一張球檯便足夠，反觀足球、籃球的場地需要更大空間，所以當年和平以後，香港的乒乓球發展十分蓬勃。每個商會、工會也必定有一張球檯在那。當時的球檯多半是嵌在地上，不能移動的，除了打球以外，偶爾大家會議時也會使用那張球檯。

莎：那麼蔡 sir 又是怎麼接觸乒乓球的呢？

蔡：我與友人最初是在卑利街的青年會那裡玩，但也只屬消遣性質，有一天，有位二十多歲的青年人看到我們在玩乒乓，並笑指我們不會打。雖然自己有點不服氣，但心想觀摩一下別人怎麼玩乒乓也是好的，於是那青年人便帶著我們到荷李活道的文武廟附近觀看乒乓球練習，甫一進去，便發現那些人是真的在練習乒乓球，並不只是玩玩而已，每一

板也勁度十足，於是我覺得值得花時間學習。也越練越有
成績。

莎：那麼你在接觸了乒乓球後，又有哪些感覺呢？

蔡：我感覺乒乓球的變化是很多的，單是球拍已有很多種，有
木板、生膠板、砂紙板、海綿板也有，技術上也很多元化，
大家也各出奇謀，也沒有教練的，彼此切磋，互相模仿，
好處是百花齊放，所以許多世界冠軍來到香港，也會輸給
香港的選手。

林：但蔡 sir 又怎麼會成為乒乓球運動員的？

蔡：當時運動員並沒有薪水，也沒有獎金，只能當是興趣。最
輝煌的一次，就是香港在 1952 年的亞洲賽中，得到男團、
男單、男雙、女單四項錦標，接著其實應該要參與世界賽
的，但卻因為資金不足，而未能參與，那次的比賽反倒讓
日本得了世界男單冠軍。他們路經香港時，也曾我們切磋，
結果日本的選手也敗給香港隊，所以可以想像到香港的水
準有多高呢！

葉：蔡 sir 在打乒乓時，該是讀書的年紀，當時蔡 sir 能顧得到
學業嗎？

蔡：也是可惜的，實在顧不到，因為我太熱愛乒乓球，所以也
就全心全意地投入進去。

葉：在當時的香港，若真的很有心要在乒乓球界發展，又有甚
麼途徑呢？

蔡：也沒有甚麼途徑的，主要就是自資多參與公開比賽，打出
名氣，當時甲組選手已是世界級選手，但即使是乙組，也
已很厲害。

莎：那麼蔡 sir 有參與過哪些公開比賽嗎？

蔡：一定有的，例如全港公開男單、男雙、混合賽也有參與，我們試過最高的名次是 1954 年，奪得男單第三名、男雙兩屆也得亞軍，而我們敗給的對手，曾是亞洲桌球錦標賽男子單打冠軍，分別是薛緒初與劉錫晃。當時國內的水準卻沒有香港那麼高，但組織架構較完善，所以與我們同期的容國團、傅其芳也被邀請回國內教乒乓。

葉：那麼後來蔡 sir 有繼續當運動員嗎？

蔡：沒有了，主要是生計上的考慮，因為當時運動員並無收入，加上過去的香港工作時間相當長，早上八時上班、晚上八時下班已算是不錯的工作，有不少工作早上八時上班，要到晚上十時方下班。所以即使生計問題已解決，時間上也不容許再練習乒乓球。

葉：在沒有當運動員後，你又從事過哪些職業呢？

蔡：我經別人介紹，找到份好工作，是作出口的，主要出口到東南亞，好幾年時間也完全放下了乒乓球。

葉：那後來又怎麼會忽然回到球壇去當評述員的呢？

蔡：說來也很奇妙，因香港當年有一群打乒乓球的人，組織了一個香港乒乓元老隊，他們平均年齡為四十多歲，而我其實是未夠年齡的，其中一位老前輩則大力鼓勵我先加入，就這樣，又重新接觸那些打乒乓球的朋友，也因為自己較年青，在隊中表現努力，被乒總邀請作委員。後來很偶然的機會，因為當年無線電視與麗的電視，正播放乒乓球比賽，但乒乓球很難作即興評述，畢竟速度太快，往往只消六分一秒的時間，球已經過網。而評述時，要唸出球員的中文名字，也頗耗時的，例如容國團，只要唸四次，便佔了不少時間。當時兩個電視台也向乒總詢問是否有適合的

人選可以推介，乒總便介紹我去嘗試一下，就這麼開始了。

葉：那過程是怎樣的呢？

蔡：我第一場評述的是在麗的電視現場進行的，我當時也錄了音，第二天再作自我檢視，聽後不是太滿意，馬上坐車到麗的電視找陳文光編導，表示自己錄得不好，但對方卻欣賞有加，於是便繼續在麗的電視評述乒乓球，後來也試過到無線電視作評述。

莎：評述時有沒有哪些趣事發生？

蔡：記得有一次在頒獎會上，頒獎者為汪明荃，但我當時並不

很多人以為球拍彈性強就是好的，但其實海綿的旋轉也很關鍵，乒乓球的掌控、海綿反彈出去的摩擦性，全部都是大學問，並不是硬就是好。要適合每位球員的打法，

那些因乒乓球而改變了未來的人和事

認識她，我喊錯了對方的名字為汪荃明。

葉：知道你除了當評述員以外，也曾為 1971 年的乒乓球賽事搬上了電影院，過程是怎樣的呢？

蔡：1971 年，我們有一名隊友，薛緒初先生，與日本人的關係相當好，日本球手也很尊敬他。於是我們得到日本方同意，以低價給我們電影權去拍攝，我們也有計算到底中國能夠贏得多少項錦標呢，因為若中國隊全敗，我們便血本無歸了，也預想不會有人入戲院觀看，所以我計算過，中國隊應該有四項錦標能夠奪得，包括男團、男單、女團、女單，但是出來的結果頗不理想，結果得到的是男團、女單、女雙、混雙，也是四項，只是距離我們的要求，要觀眾購票進場，則有些差距。幸好，結果十分的賣座，成為當年十大賣座的電影之一，非常僥倖。

莎：你在這次電影的拍攝中，擔任哪些角色呢？

蔡：也真複雜，既是投資者，又是製片、剪接、拍攝，因為乒乓球一個場地，十多張球檯，你該拍攝哪張檯呢？拍哪一段呢？該選哪一段呢？後來麗的電視到印度拍攝世界賽，對方也指定由我帶隊到印度拍攝，因他們也遇到這個困難，十多張球檯，他們也不知道該拍哪一張。

葉：這次拍攝成效是怎樣的呢？

蔡：結果相當理想，不但戲院要轉播，連兩家電視台也要轉播，結果幾條院線同步上映。

莎：那麼蔡 sir 為何後來又開辦了乒乓球器材用品的公司？

蔡：當年因為中國開放，有群朋友在國內看看有甚麼可以從事，其中我們有位從法國回來的科長，與我聊創業，聊得頗投機，漸漸我也萌生了售賣體育用品生意的想法。

林：莎莎，妳知道嗎？其實乒乓球比賽前，我們的球拍需要經球證檢查，然後放進公文袋，最後才交還給球員。

莎：嘩！居然有這麼一個複雜的程序。

林：不如我們問一問蔡 sir 關於這個程序的來歷。

蔡：這傳統已有幾十年的歷史，因為當時打大賽的球員，為了增加球拍的強力，會在比賽前，將新的膠皮貼上，用強力膠水使膠皮的海綿膨脹，但主辦方發覺部分強力膠水帶有毒性，對人體有害，故此主辦方需要對球拍進行檢查，以確定不會帶有污染物進，所以便要由球證將球拍帶入球場，然後再分發給球員。慢慢形成了這個習慣。

林：來到現代我們會使用無機膠水，揮發性沒有那麼強。對了，蔡 sir 從事體育器材售賣多年，在球拍選用上，又有沒有哪些心得可以分享？

蔡：很多人以為球拍彈性強就是好的，但其實海綿的旋轉也很關鍵，是否能掌控得穩乒乓球呢，球經過海綿反彈出去時，摩擦性又是怎樣呢，也頗大學問的，並不是硬就是好。要適合每位球員的打法，要打「拉波」的，要打撞擊的，也有各自的分別和需要。

莎：蔡 sir 又怎麼看現在乒乓球界的發展？

蔡：據我看法，我們需要向前看，不是要現在的年輕球員盲目地跟我們的那一套，反而要多向前看，多發掘一些先進的打法。

葉：蔡 sir 又覺得乒乓球怎樣改變你的人生呢？

蔡：乒乓球也真是莫名其妙，在我人生中，忽然跳進來，忽然又跳出去，似乎是乒乓球在找我，而不是我找乒乓球，真的很巧妙。

業餘乒乓運動員的無限可能—

雷家文

第十集

雷家文先生，於 2021 年 9 月全運會中勇奪 50 至 59 歲組單打亞軍。9 歲接觸乒乓球至今，經歷過多少的戰役，面對過多少的勝利與失敗。

然而，每一場比賽，他也抱持著「絕不放棄」的精神，一一迎戰。

儘管他只是輕輕地道出過去比賽中所經歷的往事，但若您了解賽事的背景與難度，便知道每場賽事的勝利也得來不易。

第十集：業餘乒乓運動員的無限可能—
雷家文

本集主持及嘉賓

主持：林澤惠（林）、葉文嫈（葉）、范莎莎（莎）

嘉賓：雷家文（雷）

林：今集的嘉賓雖然只是名業餘的乒乓球運動員，工作也很繁忙，但他堅持繼續苦練乒乓球之餘，還在今年 2021 年的 9 月，在中國全國運動會（全運會）中為香港奪得乒乓球男子 50-59 歲組銀牌回來。

葉：林教練，我知道你在說哪位，是不是就是雷家文先生呢？我知道他九歲的時候已接觸乒乓球，廿六歲便贏得全港男子單打季軍，雖然如今在從事開發音響器材的工作，但他依然未有忘記對乒乓球的初心。

莎：那不如我們快點邀請他出來吧！

雷：大家好！

葉：雷 sir 九歲的時候已接觸乒乓球，當初是怎麼接觸到的呢？

雷：我當時就讀西營盤第三街的聖類斯中學，其實聖類斯小學與中學是一起的，有足球場、室內運動場、籃球場，相比

其他學校，有一個特別的地方，就是我們可以穿著球鞋上學，所以上課前、小息或下課後，我們也頗多在校運動的機會，當然，小時候我也喜歡踢足球，但因為我有哮喘，所以最後選擇了走動得較少的乒乓球。

莎：雖然接觸了乒乓球，但又怎麼會愛上它呢？

雷：我在華富邨長大的，過往那邊有許多石製的乒乓球檯，同時也有青年中心，所以說在學校、在家附近，我也很容易接觸上乒乓球，因此認識了許多朋友，同時也產生了對乒乓球的興趣。特別當球技有所進步時，更能推動自己進深。

林：那麼雷 sir 除了與朋友們切磋外，有沒有參加哪些訓練班？

雷：小時候也只是與同學玩玩而已，但大約到五年級，便參加了青年中心的訓練班，因為學費也十分便宜，於是便每週到那裡上兩小時的乒乓課，學習基本功。

莎：那麼你又怎麼顧及學業與乒乓球呢？

雷：其實由小學到中學，學業不太大問題，中四時是稍為停止練習乒乓球，因要預備中五的會考。

葉：雷 sir 在廿六歲時，參加了一個全港性的比賽，過程又是怎樣的呢？

雷：這個也比較特別，廿六歲前，我畢業後便工作，當時也維持每週與朋友去打乒乓球，但不能算是正式的訓練，其實在比賽前兩年，我曾遇上電單車意外，右鎖骨受傷了，外觀上也頗嚴重的，當時有朋友以為我往後也再不能打球了，但很幸運，兩至三個星期我已經能離開醫院，傷勢也復原得很快，只是傷了的地方，對「推波」的動作造成影響，所以我後來改為用「直板橫打」，練習過一段時間，「直板橫打」的方法也在不斷進步，於是在兩年後的比賽

中便得了季軍。

莎：雷 sir 是否一直也打直板的？

雷：是的，因我們小時候認知的中國冠軍選手也是使用直板，所以我們那一輩人，也多用直板。

莎：那麼後來又怎樣呢？

雷：後來一直參與校隊的訓練，中三時便到了銀禧體育中心（香港體育學院前身）受訓，當時在西營盤放學後，便每週兩次要到沙田訓練兩小時，也頗遠的。訓練結束後，才回家做功課。

葉：會否想過當全職運動員呢？

雷：這個卻沒有，雖然自己略有小成，但相對最頂尖的運動員，我也未能達到水平，加上在我那個年代，有個觀念，未必正確的，就是認為運動是不能當職業，所以也明白只能是一個興趣。

莎：現在你工作上與乒乓球有甚麼相關嗎？

雷：絕對有的，其實工作也是繁忙的，但打乒乓球很能夠減壓，乒乓球這種運動能訓練出，那種不可放棄的精神，這個在工作上是不可或缺的。

葉：那麼作為業餘運動員，既要工作，又要練習乒乓球，怎麼保持那份初心呢？

雷：我想我不是用訓練的心態去打乒乓球，而只是自己保持運動，保持與球友切磋，保持自己的水平，這就已經非常愉快。

莎：那麼又是甚麼驅使你去參加全運會？

雷：首先我也沒有受過甚麼訓練的，但一直自己也保持與朋友們練習，除了全運會外，過去我很多比賽也有參與，例如

亞太元老賽我會參加，例如公幹時到訪美國、德國，若我有時間，我也會在當地參與比賽，到了 2021 年，我留意到有全運會的比賽，得知他是四年一次，又很巧合地我發現今年的狀態不錯，剛好自己已經五十歲，因為他的分組是五十至五十九、四十至四十九為一個組別，所以我想自己剛好五十，在比賽中或許會有些優勢。

葉：那麼由初賽到決賽，時間大約有多長？

雷：我參與的那個是群眾組，群眾組本來分為北區與南區，南區與北區的預賽大約六七月便進行，南北兩區預賽各頭八名的選手才有機會參與九月的決賽，而香港較幸運，香港選手可以直接參與決賽。

葉：這次你是代表香港，心態上會否有壓力？

雷：盡力而為吧！我一直覺得失敗並不要緊，但最重要的，是自己有否已盡上全力。

莎：那麼全運會，與你過往參與的比賽，有沒有哪些地方不同？

雷：其實國內的比賽與奧運相比，國內的乒乓球比賽較奧運難打，因為中國是乒乓球強國，當中有太多精英，水準也非常之高。

葉：公司的同事也知道你去參加比賽嗎？

雷：最初同事們是不知道的，直到決賽。因為決賽才有直播，那一刻大家才知道我正在比賽，結果辦公室的同事也停了工作，一起看直播。

莎：那麼你得獎後的心情又是怎樣的？

雷：當然是非常的高興，也覺得沒有辜負球友們的支持。

葉：這個比賽有沒有哪些地方，或哪場賽事是十分難忘的呢？

雷：其實在四強的賽事中，對著河北的一位選手，當時我們局

並不是退役了，就已經完結，退役或業餘也可以繼續練習，繼續發展，仍然需要目標去達成。

數是 1:1，若再輸一分，便不甚樂觀，那一刻，我也抱著「決不放棄」的精神，一分一分地追，結果新的一局贏了 2:1。因我們是以五局三勝來決勝負的，最終這比賽我以 3:1 勝出，入了決賽。

莎：壓力也不少呢。

雷：所以不能思考得太多，只能集中在怎樣打好每一球、每一局。

葉：那麼乒乓球為你的人生帶來甚麼改變呢？

雷：待人接物、處事、工作，其實積極的態度很重要，以及不要那麼輕易放棄，永遠也要往好處想。

莎：得到獎牌後，雷 sir 還有其他目標嗎？

雷：希望為業餘的乒乓球運動員帶來動力，想他們明白，並不是退役了，就已經完結，退役或業餘也可以繼續練習，繼續發展，仍然需要目標去達成。

乒乓音樂也兼容？——陳寶元

（Timmy）、李蘭怡（Anmenly）

第十一集

今晚整個錄音室也瀰漫著濃濃的古典音樂。細碎的印象派琴音似是在為乒乓的來來往往披上了旋律。

今集我們請來作曲家兼鋼琴家陳寶元先生 Timmy 以及他的太太 Anmenly，來為我們細訴音樂與乒乓。到底在俄羅斯的聖彼得堡修讀音樂，是種怎樣的體驗呢？乒乓球又為 Timmy 的音樂創作帶來哪些啟發？

第十一集：乒乓音樂也兼容？—陳寶元（Timmy）、李藺怡（Anmenly）

本集主持及嘉賓
主持：林澤惠（林）、葉文嬰（葉）、范莎莎（莎）
嘉賓：陳寶元（Timmy）、李藺怡（Anmenly）

林：我們今天有兩位嘉賓，第一位就是陳寶元先生（Timmy），他是一位作曲家、鋼琴家，曾經在聖彼得堡音樂學院修讀音樂。

葉：啊！我知道他還使用了一個特別的英文名字去創作出不少動人的音樂。

莎：這個我也知道，就是 Nardo Vicar Brown

葉：正確，而且他除了音樂以外，也與乒乓球有相當大的關係，昔日他在皇仁書院就讀的時候，不僅代表過社，參與社際乒乓球比賽，即使來到 2021 年，他已成為音樂人，但他與太太仍然保持著對乒乓球的熱情，我們今天很難得能邀請 Timmy 以及他的太太 Anmenly 前來作我們的嘉賓，跟我們談音樂，也談談乒乓球怎樣改變他們的人生。

Timmy、Anmenly：大家好。

葉：今天十分喜出望外，居然能夠在乒乓球節目中，遇上音樂人。Timmy，知道你是位音樂人、創作人，能否也跟聽眾介紹一下，目前你的工作是怎樣的呢？

Timmy：我平常的工作，就是創作我的音樂作品、練琴以及錄製音樂專輯，也會尋找哪些適合的演奏者去演奏我的作品。

葉：我也聽過 Timmy 的作品，主要也是印象派的樂曲，我也非常欣賞，但怎麼你又會與乒乓球連上關係的呢？

Timmy：我接觸這項運動時，正值小學階段，我居住的地方附近也有乒乓球檯，也會與父親及姨丈一起對打乒乓球，小四期間，我當時讀軒尼詩道官立小學，我與同學也會在小息期間，自備乒乓球拍到學校球檯上對打、練習。結果也養成了與同學們在假日出來一同打乒乓球的習慣，有時一練習就是好幾個小時。

莎：那麼你小時候對乒乓球也頗有熱誠的呢。

Timmy：是的，當時若電視上有乒乓球的球賽，自己也會特別留意。

莎：那麼你的音樂路又是怎樣的呢？

Timmy：家人在我一歲、兩歲時，已給我大量聽古典音樂、交響樂曲，四歲時，我已跟一位鋼琴老師學習鋼琴，學習到六、七歲便停了，中間斷斷續續地學琴，直到中學一年級才認真地學習。

莎：為甚麼會斷斷續續的？

Timmy：因為我是對音樂感興趣，而不只是對鋼琴感興趣，所以在尋索的過程中，除了鋼琴以外，對口琴、小提琴也產生過興趣。

葉：Timmy 真的是運動、音樂樣樣精通，那麼你對乒乓球的感覺又是怎樣的？

Timmy：我很喜歡這項運動，因為我最熱絡的幾位同學也熱愛乒乓球，所以我們也常常相約去打球；加上這項運動，改善了我的手部、手臂以及上半身肢體的協調、集中力及反應也有所改善。當然，球技的進步也給予我動力再練習或進深，我也因此購買了較好的球拍去練習，例如最初是兩星的球拍，後來也購買到六星，大大增加了乒乓球的旋轉，讓我感覺這項運動是可以循序漸進。有點像我學鋼琴那般，沒有所謂的最高的境界，一直能夠提升，就像修行那般，很有樂趣。

葉：那麼當時在皇仁書院參加社際乒乓球比賽的情形是怎樣的？

Timmy：在學校能打乒乓球的人不少，只是能夠參與比賽的同學不多，而我因為是社長，也打得不錯，所以常被推舉出來參與比賽，當然參與的同學當中有校隊，也有些是港隊成員。

莎：那麼中學階段以後，又是甚麼原因促使你要到俄羅斯修讀音樂？

Timmy：我一直也希望修讀音樂，大約到中四、中五階段，我便開始跟老師學習樂理與作曲，也開始了對作曲的興趣，漸漸發現自己對音樂的興趣濃厚過其他專業，儘管我有修讀生物科。後來在中六的暑假，我隨鋼琴老師前往英國參與皇家音樂學院舉辦的夏令營，並在那裡停留了幾星期，也覺得學習音樂很適合自己。至於為何是俄羅斯呢，其實我當時有兩個地方想去修讀音樂的，第一個地方是巴黎，因為那裡有很強的印象派背景，例如 Debussy、Ravel；第

那些因乒乓球而改變了未來的人和事

二個地方就是俄羅斯的聖彼得堡，因自己對柴可夫斯基、蕭斯塔科維奇的交響樂感興趣。最終因聖彼得堡音樂學院錄取了我，於是我便到那裡讀書。

葉：那麼到了俄羅斯以後，還有機會打乒乓球嗎？

Timmy：也有的，主要是與室友們打乒乓，他們也是中國來的留學生。

葉：不過說到俄羅斯與乒乓球，其實兩者有頗有關連的，不知道大家是否記得我們有一集邀請了高禮澤教練來當嘉賓，其實 2004 年在雅典奧運，高禮澤教練以及李靜教練就是因為戰勝了俄羅斯的選手才進入決賽，所以俄羅斯是否流行乒乓球，我則不太清楚，但我知道他們水平一定不簡單。那麼你覺得在香港要當一個創作人或音樂人，又是否困難？特別你是創作古典音樂的呢！

Timmy：其實我覺得一開始選擇這道路便已經困難重重，首先你要考入聖彼得堡音樂學院的作曲系，而那一屆的外國留學生，只錄取了我一位，加上當地的本地學生也只是七人八人左右，所以也不會預期往後的日子會容易走。僅僅是創作的過程，也不容易，一首歌，一段段子，我也其實要否定許多次，才能創作出。

莎：那麼太太 Anmenly 是否也有學習乒乓球？

Anmenly：是的，我現在與先生跟著林教練一起學習。本來我過去不太玩乒乓球的，但畢竟乒乓球是中國的國球嘛，自小我在內地成長，也常在電視看到乒乓比賽，便耳濡目染地愛上乒乓球。

葉：現在你們又用多少時間打乒乓球的呢？

Anmenly：差不多一個星期兩次。

莎：你們夫妻是一起去學球的嗎？

Timmy：我們是一起去學的，例如那天我們定了是運動日，便會抽一段時間，順道前去學習乒乓球。

莎：夫妻一起學習有哪些優點？

Anmenly：其實也給了我們更多運動的機會，當然在同組比賽與對打時也是可以增加兩夫婦之間的感情與默契。

葉：Timmy 的興趣也很多樣性，運動上有游泳、乒乓球，但你會覺得這些對音樂的提升有幫助嗎？

Timmy：我相信這對身體而言，無論是運動還是音樂，其實也是在運用同一組的機能。

林：而乒乓球的訓練中，我們有一項稱為「左推右攻」的。動作與鋼琴需要很大幅度地彈奏有點相似，既要練習左手、右手、也要訓練正手、反手。

葉：那麼你又覺得乒乓球怎樣改變你的未來呢？

Timmy：我認為在乒乓球的訓練中，我得到了手腦協調的能力，相信這對我在鋼琴上的靈敏度、穩定性是有很大幫助。若將人比喻為電腦，運動就像在提升著硬件，硬件提升了，自然各方面也會有進步。

彈琴時，常常需要琴手大幅度地跨越彈奏，往往音域也要跨得很遠，當中的精準度與落點便與乒乓球相像。此外，既要練習左手、右手、也要訓練正手、反手。

兩代乒乓人—郭劍虹

第十二集

郭劍虹先生（Eric），既是一名乒乓球教練，亦是一所乒乓器材用品的負責人。

而其父親郭毅萍先生，正是當年中國國家隊的運動員，分別參與過第 23 屆及 26 屆的世界乒乓球錦標賽，60 年代退役，在北京擔任教練。1972 年前往香港，開設乒乓球器材經銷的工作，非常成功。可惜，郭老先生於 2020 年過世，享年八十一歲。

第十二集：兩代乒乓人—郭劍虹

本集主持及嘉賓

主持：林澤惠（林）、葉文嫈（葉）、范莎莎（莎）

嘉賓：郭劍虹（郭）

葉：過去我們也邀請過不少親子的嘉賓組合前來擔任嘉賓。

莎：是的，例如第二集的周嘉晴與嘉晴的爸爸；又或是第六集的嘉賓 Roland 與他的兒子 Zechary。

葉：是的，但若說父子兩代人也是專職投入在乒乓球這種運動的，似乎今集是首次呢。

莎：咦？你是否想說目前正在當乒乓球教練，但又同時是乒乓器材公司的負責人郭劍虹教練（Eric）呢？

葉：對呢，聰明！而他的父親郭毅萍先生，雖然是印尼華僑，在印尼長大，但到了上世紀五十年代，他回到國內，成為當時國家隊的乒乓球運動員，還先後參與過第 23 屆及 26 屆的世界乒乓球錦標賽為國爭光。

莎：不僅如此，郭毅萍先生退役後，仍留在北京當教練，一直到七十年代，他便前來香港，從事售賣乒乓球用品的工作，

還相當成功。可惜的是，郭老先生，於二〇二〇年離世，享年八十一歲。

林：但我們今天很榮幸，邀請到他的傳人─郭劍虹教練（Eric）成為我們的嘉賓。

郭：各位好！

葉：Eric 能否簡單跟聽眾介紹一下自己呢？

郭：我叫郭劍虹（Eric），現在從事一間乒乓球用品的專門店。在國內有一所大型工廠。

葉：那麼你父親郭毅萍先生，怎麼又會在印尼成長的呢？

郭：他在 1939 年於印尼出生，十年後荷蘭人入侵印尼，所以我父親也在一個動亂的環境中成長，而他會與乒乓球結緣的經過十分傳奇，小時候他喜歡與其他小孩在街上玩彈波子，正在玩樂期間，忽然有一輛荷蘭的坦克車衝過來，然後有軍人用機關槍掃射店鋪，因他們要掃蕩游擊隊，很多孩子的母親也馬上帶小孩逃難，而我父親則躲了起來，直到坦克車離開。他回家後，祖母當然非常擔心，也不允許他再到街上玩，結果在家中用普通的球桌作球檯，以蚊帳作球網，並買了球拍與乒乓球給他，讓他在家中消遣。因此他便愛上了乒乓球。

葉：所以其實你父親會喜歡乒乓球，其實是由祖母啟發而來的呢！但後來他又為何會有一個想法，是要回到中國加入乒乓球球隊呢？

郭：這要由印尼說起，當時印尼舉辦了一個全印尼的乒乓球大賽，他們在參加決賽前，先要在自己地區取得頭三名，然後再到不同地方進行比賽，最終在耶加達進行大賽，我父親在比賽中取得亞軍，適逢中國領事館的代表表示祖國正

需要乒乓人才，於是我父親便希望回家，貢獻國家。

葉：當時由印尼前往中國，旅途艱辛嗎？

郭：也困難的，因為當時他也沒有錢坐飛機，所以也是坐船回中國。

葉：那麼他在國內的訓練又是怎樣的？

郭：也頗艱辛，他 1954 年加入的，類似叫作中央競技指導科，是現在中國國家隊的舊稱。

莎：你父親始終在印尼長大，回到國內，在溝通上、文化上會否有哪些困難呢？

郭：這方面問題也不大的，畢竟他本來也是說普通話，但他在隊中，年紀較輕，大約只有十四歲，所以許多運動員也是大哥哥、大姐姐，還好，對他也很照顧。只是最不習慣的，要算是當地的天氣，因為印尼氣候炎熱，國內就比較寒冷了。

莎：那麼當時你父親受訓時有哪些趣事嗎？

郭：也有的，他說冬天訓練最不習慣，有次在大操場中集隊，寒風凜冽，但他只是穿著一件絨衣，結果鼻涕直流，手又不敢去擦拭，鼻涕也流到嘴上，這是其中一件趣事，另外，在練習基本功時，教練讓他只練習反手三個月的時間。我父親禁不著沉悶而哭了起來，後來教練鼓勵他說，現在雖然會流淚，但將來你一定會笑。結果到他真的比賽時，單調的訓練很能夠幫助到他的發揮。

林：當時他參與過第 23 屆及 26 屆的世界乒乓球錦標賽，過程又是怎樣的呢？

郭：23 屆的乒乓球錦標賽，應該是在東京的體育館舉行，大約在 1956 年春天，隊員中當然最小是他，他最難忘的，就

是當到達東京的羽田機場，他一下機，便見到許多乒乓球界的大人物來接待他們，又有乒協主席，也有日中友好協會的代表，又有日本乒乓協會的人物，加上他當時穿著中國的球衣，種種事情也讓他感到很自豪。在比賽中，他的隊伍也有勝出，所以亦十分高興，1961年4月舉行的第26屆世界乒乓球錦標賽，也是他最後一屆參與比賽，這次比賽後，父親因為腰傷而要退役，後來成為了解放軍轄下的八一隊的乒乓球教練。

葉：那麼他南下香港，適應會很困難嗎？

郭：是很困難的，當時我也只有三歲，因為父親帶著我們一家四口來香港時，既沒有朋友，也沒有親人在港，後來幸得貴人相助，找到一份則師樓的工作，這樣我們的生活才算穩定。巧合的是，他的老闆居然也很喜歡乒乓球，所以十分賞識我父親的乒乓才華，畢竟父親曾經是國家隊成員，因此，業餘時也常帶著我父親與友人一起打乒乓球，父親也因此收了些學生，教授乒乓，而在偶然的機會下，1980年他便開設了乒乓球的用品專門店。

葉：你父親曾經當過運動員、教練、創辦乒乓用品店，其實他最享受是哪個角色呢？

郭：他小時候因受到某個體育用品的品牌啟發，已立志將來也希望創辦乒乓用品公司，有自己個人的品牌。可以說，他創立專門店，是實現了夢想。

莎：那麼在創辦的過程，又有沒有甚麼艱辛的事情？

郭：有的，在1984、1985年開廠的時候，則最為艱辛，他當時曾隻身前往日本尋找商機，很幸運地遇上了一個中國人，又巧合他是乒乓球公司中的一位職員，結果便合作起

上來。

莎：那麼 Eric 又是甚麼時候接觸乒乓球的？

郭：大約五歲、六歲，當時父親曾在銅鑼灣教乒乓球，我也隨著他去玩，慢慢也產生了興趣，有時他的學生也會跟我一起打乒乓球，漸漸我也發現自己在進步。

林：作為一位乒乓球界巨人的兒子，你會有壓力嗎？

郭：有的，因我父親的要求也頗高的，他是國家隊的教練，他對子女的要求其實很高，對著他基本上是不能有差錯的，任何事情也要很小心謹慎地處理。

葉：但也因此培養到你敬業的態度。

郭：是的，認真地做也是要做，不認真地做，可能還要多做幾遍，倒不如就認真地做，將事情一次就完成。

葉：知道 Eric 有許多的專業資格，未來會否有哪些新的方向與發展？

郭：首先我認為人是需要自我增值，特別在經營專門店，更該有一位具專業資格的人坐陣，才容易吸引客人，此外，我的教學有自己一套方式，有些方式當然是經驗累積下來，

"

兒子有一回問我教乒乓球一小時，收入是多少？我好奇他怎麼會這樣問，他說他希望跟我買一小時去陪伴他，我的心情也很不好受。

那些因乒乓球而改變了未來的人和事

有些則是從學習方面得來，也有些是是從思想上得到啟發，希望以上的整合能成為理論，教好自己的學生，讓他們更快地成長。見證到他們的成長，我也十分欣慰。

葉：你當時既要讀書、又要經營生意，也需要教乒乓球，時間分配上是怎樣的呢？

郭：當時也是辛苦的，早上主要是教波、下午則處理公司業務、晚上則抽時間讀書，晚上十一、二時才吃飯，然後再溫習到一點，第二天六點便起來預備教乒乓球。也少有與兒子見面的機會，兒子有一回問我教乒乓球一小時，收入是多少？我好奇他怎麼會這樣問，他說他希望跟我買一小時去陪伴他，我的心情也很不好受。

莎：那麼你又最喜歡哪個角色？

郭：其實每個角色我也享受，因為在不同的角色中，也有不同的情感投入，我覺得最重要的是在各種角色上也要全情投入，不要讓自己後悔。

葉：你又怎麼看你父親郭毅萍先生呢？

郭：他是我心中的一個巨人，許多人也說白手興家，但白手的程度又是白成怎樣呢？但我父親真的由零開始。因當初帶著一家四口來港時，他也只有五十港元，我覺得他在那種困難中，能開創成今天的事業，是我很敬佩的。

乒乓未來

後記——迎向未來

第十三集

親愛的讀者，感謝您陪伴了我們一同經歷十三集節目，盼望您也能夠在嘉賓的故事中，感受著生命的熱情，再次勇敢地拿起人生的球拍，回應著命運給您的考驗。

第十三集：後記—迎向未來

本集主持

林澤惠（林）、Vivian Wong（Vi）、葉文婓（葉）、范莎莎（莎）

葉：各位拍檔，大家好！今集有三點很特別的地方，第一點就是阿 Vi 又回到我們節目了；第二點就是今天好像沒有甚麼特別的嘉賓；第三點就是已經來到節目的最後一集。

Vi：沒想到這麼快便完結了十三集節目，第一集的內容，我仍然記憶猶新。

莎：有沒有哪一集的製作過程或嘉賓，大家是特別深刻的？

葉：對我來說，最深刻的是第九集的嘉賓—蔡建新先生，他本來是一位乒乓球運動員，也當過電視乒乓球節目的評述，更嘗試將一場乒乓球的賽事搬到電影院，十分賣座。一位八十多歲的長者，人生中的經歷是如此之多，讓我很深刻；但他也因著年紀較大，不方便外出，所以該集訪問，我需要帶備器材，透過視訊的方式與在錄音室的林教練及莎莎去進行訪談。

Vi：具體的做法是怎樣的？

葉：當時我在節目進行前一週，帶著器材到蔡先生的家裡進行測試，也需要先和蔡先生談一談，聽一聽他的故事，畢竟

他有很多珍貴的資料，網上是沒有的，必須從他口中與照片及剪報裡得悉。在聽完蔡先生的故事後，我也有擔心，就是因為他的故事，每一件也十分精彩，只是節目時間才只有一小時，該怎樣選材，以及若蔡先生談得冗長時，我阻礙了他表達，這也未免太冒犯到長輩。還好，蔡先生果然不愧為傳媒人，又作過電視的評述員，所以在節目進行時，他的表達長短、深淺完全是恰到好處，我相當佩服。

Vi：能聽到一位經驗豐富的長者分享，十分難得，想必他也真是位乒乓球界的活字典。那麼林教練呢？

林：對我來說，最深刻的該是第十集的嘉賓，雷家文先生一雷sir。他大約五十歲，是位從事售賣影音器材公司的管理層，他不是全職運動員，但他對乒乓球很有熱誠，當初我與他聯絡時，他才剛在國內完成全運會的比賽，我也是透過網上一些報導才發現，原來雷sir在全運會的比賽中得了亞軍，難忘的地方是，若單以乒乓球的水平而論，全運會要較奧運會高，因為中國是乒乓球的強國，許多高手即使不能參與奧運會，也會參與國內的比賽，加上雷sir因疫情的緣故，港區的運動員需要先在比賽前隔離十四天再比賽，在隔離後馬上便要面對國內的精英，而在這種狀態下仍能奪得亞軍，是十分難得。

莎：而我最深刻的，就是何思漢先生（Roland），以及他的兒子何睿光（Zechary）來當嘉賓的第六集。因為何先生本來是新加坡人，兒子也是，聽到他們能以乒乓球作為融入社區的方法，也讓我感到很有啟發。特別其中有一節，我們是邀請父親Roland暫時離開錄音室，轉到控制室那邊看兒子作訪問。

Vi：為甚麼你們要這樣安排呢？

莎：因為首兩節我們也發覺多半是父親 Roland 在發言，兒子像是小助手般略為含羞，所以我們也希望其中一節，讓兒子可以較多表達和發揮。當然因為兒子 Zechary 不懂粵語，所以我需要以英文協助問答及翻譯。

葉：當時的過程其實是我作粵語訪問，莎莎消化後，以英語訪問 Zechary，Zechary 回應後，莎莎再以粵語解釋，讓聽眾明白。

Vi：那莎莎可以轉行作翻譯呢！而我最深刻的，就是高禮澤教練的那一集，畢竟高教練在我而言，是位運動界神級的人物，而他居然就坐在我身邊分享他的日常，我認為那是個很難得的機會。當日我也是首次見到高禮澤教練，但我很能夠感受到他對乒乓球的熱誠。

葉：那麼莎莎還有另一位深刻的嘉賓嗎？

莎：我想是我們第二集的嘉賓，周嘉晴同學與她的爸爸，特別深刻的是嘉晴爸爸常常告訴嘉晴，不論面對任何比賽，當作是遊戲就好，與我認知的其他家長有點不同，我覺得他的鼓勵對嘉晴成長很有幫助，我也是有所學習的。

葉：阿 Vi 以教練的身份，又會怎樣看這類家長？

Vi：作為教練，我們會很高興有這類家長，因為家長的鼓勵，也讓我們在教學時可以更投入。

葉：所以這個節目有個特色，就是嘉賓除了給我們分享故事，也是跟我們分享了許多他們的價值觀，而且有些是很具啟發性的。例如在第九集，當我訪問蔡建新先生，乒乓球怎樣改變他的人生時，他的回應很特別，他認為乒乓球在他的人生中彈出又彈入，不是他去尋找乒乓球，而是乒乓球

來找他。

林：至於第四集的嘉賓黃子江教練在我來說也深刻的，他同時也是位小學教師，亦是首位透過乒總的重點學校計劃，為學校提供了週一至週五的乒乓球訓練。

葉：而第八集的節目我也很開眼界，該集是播道兒童之家的社工霍永康先生前來受訪，雖然他不是乒乓球運動員或教練，但他的角色是為兒童之家的孩子安排乒乓球的訓練，我開眼界的地方是，孩子們透過乒乓球，不僅體能上有所提升，在待人接物、情緒管理上更有大大的增益。而且我很欣賞霍先生，並不只是將乒乓球課堂視作為一項任務、工作而已，而真的為著孩子的成長著想，這是我感動的。

Vi：而我覺得第三集的嘉賓頌熙，從乒乓球運動員成為律師，而林教練則由會計的專業，轉為全職教練，這種對比也是有趣的。

林：那麼最後一集，大家的心情又是怎樣？

莎：當然會有些可惜，往後的週五晚上見不到大家，但也很榮幸，可以接觸到多位嘉賓，而每位嘉賓也有其獨特故事，並由他們親自分享。

Vi：我想這個與純粹在網上瀏覽他們的資料很不同，傾談和訪問總是更有溫度，也較有熱情。

莎：是的，而且許多小故事是網上找不到的，真的需要由他們口中得知。

Vi：我最大的得益除了與幾位建立了默契外，口才上的進步也是難得的，因為作為教練，我覺得需要懷著天天學習的精神。

葉：而我製作這節目前，最初是有憂慮的，因自己始終不是運

那些因乒乓球而改變了未來的人和事

動員，也沒有打乒乓球，所以不知道到底在預備節目前，要預備得多深入，總是覺得難以拿捏，但是當真正進行節目時，又覺得其實這節目不僅僅只是關於乒乓球這項運動，因為嘉賓給予的教導與分享，往往也對人生帶來許多得著和提醒。

林：我也是感恩的，感謝三位拍檔的協助，也很感謝過去每位嘉賓前來接受我們的訪問，並感謝每一位聽眾（與讀者）的陪伴，在此祝願大家有一個亮麗的未來！

> 每位嘉賓有其獨特故事，並由他們親自分享。這與純粹在網上瀏覽他們的資料很不同，傾談和訪問總是更有溫度，也較有熱情。許多小故事是網上找不到的。